REPORT ON THE DEVELOPMENT OF
CHINA RURAL COOPERATIVE FINANCIAL INSTITUTIONS

全国农村合作金融机构
行业发展报告
2019–2020

中国银行业协会农村合作金融工作委员会◎著

中国金融出版社

责任编辑：李　融
责任校对：李俊英
责任印制：程　颖

图书在版编目（CIP）数据

全国农村合作金融机构行业发展报告．2019—2020/中国银行业协会农村合作金融工作委员会著．—北京：中国金融出版社，2020.7
ISBN 978－7－5220－0661－1

Ⅰ.①全…　Ⅱ.①中…　Ⅲ.①农村金融—合作金融组织—金融管理—研究报告—中国—2019—2020　Ⅳ.①F832.35

中国版本图书馆 CIP 数据核字（2020）第 109554 号

全国农村合作金融机构行业发展报告 2019—2020
QUANGUO NONGCUN HEZUO JINRONG JIGOU HANGYE FAZHAN BAOGAO 2019—2020

出版发行 中国金融出版社
社址　北京市丰台区益泽路 2 号
市场开发部　(010)66024766，63805472，63439533（传真）
网 上 书 店　http://www.chinafph.com
(010)66024766，63372837（传真）
读者服务部　(010)66070833，62568380
邮编　100071
经销　新华书店
印刷　北京市松源印刷有限公司
尺寸　169 毫米×239 毫米
印张　14.5
字数　170 千
版次　2020 年 7 月第 1 版
印次　2020 年 7 月第 1 次印刷
定价　45.00 元
ISBN 978－7－5220－0661－1
如出现印装错误本社负责调换　联系电话（010）63263947

编委会

天津农商银行　纪烈文　胡雅楠

温良煜　衣　海

重庆农商银行　王　用　吴丽华

李东亮　朱思宇

乐清农商银行　周　杨

编写协调人：杨青楠　林　啸　田　霞　吴青青

杨天懿　谢媛媛　梁苠潇

序　一

"农业兴，百业兴；农村稳，全局稳。"党的十八大以来，以习近平同志为核心的党中央坚持把解决好"三农"问题作为全党工作重中之重，加大对"三农"的投入力度，农业农村得到长足发展。党的十九大提出实施乡村振兴战略，连续出台系列扶持政策支持"三农"发展，为全面深化农村改革、扎实推进农业现代化和新农村建设、确保农业增产农民增收提供了重要的支撑和保障。近年来，中国银保监会出台《关于金融服务乡村振兴的指导意见》《关于做好2019年银行业保险业服务乡村振兴和助力脱贫攻坚工作的通知》等多项政策举措，为农村合作金融机构加大金融精准扶贫力度、增加金融支农资源、改善农村金融服务、提升涉农金融机构公司治理和支农能力提供了政策导向和支持。

在银保监会的指导下，农村合作金融机构作为支农支小主力军，认真贯彻落实党中央、国务院关于"三农"发展、乡村振兴、普惠金融、精准扶贫等重大战略，始终牢记服务"三农"、小微的初心使命，紧紧围绕"服务实体经济、防控金融风险、深化金融改革"三大任务，聚焦"三农"发展呈现的新特点、新趋势，以深化供给侧结构性改革为主线，综合施策，不断增加农村地区金融供给，强化提升金融支持"三农"能力，在支持"三农"、小微发展中取得了显著成效。据统计，截至2019年末，农合机构资产规模达35.51万亿元，是2004年的11倍，占银行业金融机构的12.28%。农村合作金融机构存贷款规模分别达到27.51万亿元和18.72万亿元，其中涉农贷款余额10.28万亿元，占农村合作金融机构各项贷款余额的50%以上，占银行业金融机构的29.21%；小微企业贷款余额9.32万亿元，占农村合作金融机构各项贷款余额的比重约43%，占银行业金融机构的25.26%，贷款户数747.26万户；涉农和小微企业两项贷款的比重远高于全国银行业金融机构。2019年第三季度末，农村合作金融机构共有法人机构2181家，营业网点7.12万个，设立各类简易便民服务和流动服务点16.13万个，金融服务的便利性、可得性、满意度显著提高，进一步打通农村金融服务“最后一公里”，实现农民“家门口”“零距离”办业务，不断拓展农村金融服务覆盖的深度和广度。

农村合作金融机构不断加大金融产品和服务模式的创新力度，创新普惠金融、乡村振兴和精准扶贫的工作举措，因地制宜地创新适合“三农”、小微发展所需的融资、结算、理财等各类产品，积极探索运用“互联网+”、大数据、云计算等信息技术手段，结合客户所在行业特点和资金需求差异，通过龙头企业+农户的方式，将小农户纳入现代农业生产体系，依托核心企业提高小农户和新型农业经营主体融资可得性，增加农村金融供给。同时，农村合作金融机构不断完善扶贫工作机制，加强组织体系建设，派驻驻村人员，创新模式与产品，让金融服务渠道深入乡村，提高了金融扶贫精准度和便利性。积极发展绿色金融，加大力度支持产业转型、农业提质增效，为助力农村环境建设，支持美丽乡村建设贡献了力量。

为总结农村合作金融机构在服务乡村振兴、助力普惠金融方面的经验成效，探讨新形势下农村合作金融机构改革发展的方向，在银保监会农村银行部的指导下，中国银行业协会农合委员会组织协调，浙江省联社牵头，江苏、福建、江西、河南、云南省联社和北京、天津、重庆农商银行等9家农合机构共同参与撰写了《全国农村合作金融机构行业发展报告2019—2020》。报告共分五篇十章、七个专题，通过对当下经济金融环境的介绍分析，对农村合作金融机构经营管理、业务发展、转型创新、特色服务等方面进行了梳理总结，充分展示了农村合作金融机构的发展现状，在服务“三农”、小微企业、实体经济方面做出的突出贡献，展望了行业未来发展的方向。报告在广泛征集全国农村合作金融机构素材、案例和数据的基础上，力求全面、客观、真实，为行业的稳健发展贡献智慧。

2020年是全面建成小康社会和“十三五”规划收官之年，站在“两个一百年”奋斗目标的历史交汇点上，农村合作金融机构要以习近平新时代中国特色社会主义思想为指引，不忘初心、牢记使命，坚持新发展理念，勇于抓住国家普惠金融和乡村振兴战略赋予农合机构的时代机遇，锐意进取、扎实工作，为打赢脱贫攻坚战、全面建成小康社会、实现中华民族伟大复兴的中国梦做出新的贡献！

中国银行业协会党委书记、专职副会长　潘光伟

2020年5月

序　二

聚焦主责主业，展现强劲竞争力。农合机构始终坚持服务“三农”、小微企业和地方经济社会发展的初心使命，助力社会主义新农村建设和乡村振兴战略，充分发挥农村金融主力军作用。2019 年末，农合机构资产规模 35.51 万亿元，是 2004 年的 11 倍，占银行业金融机构的 12.28%，比 2004 年提高 2.32 个百分点。其中，涉农贷款余额 10.28 万亿元，占银行业金融机构的 29.21%；小微企业贷款余额 9.32 万亿元，占银行业金融机构的 25.26%。在全国 30 个省区市农合机构中，有 26 个是当地存款市场“冠军”，18 个是当地贷款市场“冠军”。农合机构展现出了强劲的竞争力，为高质量发展夯实了能力基石。

坚持开拓创新，丰富实践经验。农合机构始终坚持围绕人民群众日益增长的金融需求，以客户为中心，以创新为引领，以人才为保障，以合规为底线，以金融科技为抓手，立足当地产业经济实际，创造性发挥自身竞争优势，持续创新金融产品和服务，孕育出了各种富有特色的经营理念、管理方法和发展模式，积累了丰富的可复制的实践经验。比如，浙江乐清农商银行坚持“小额、流动、分散”的经营理念，走出了一条具有浙江特色、符合农合机构实际的“小而美、小而强”的发展之路，作为典型案例被载入《2017 中国普惠金融发展报告》。安徽药都农商银行创新“金农易贷”“中医药供应链金融”等金融产品，走出了一条具有鲜明地方银行特色的经营之路，2018 年被银保监会评为“全国标杆银行”。农合机构创建了丰富的经验，为高质量发展奠定了实践基础。

总结发展规律，积淀深厚理论。农合机构始终坚持理论指导实践，以习近平总书记关于金融工作的系列重要论述为指引，认真贯彻落实党中央、国务院决策部署，坚持理论联系实践，系统总结金融服务实体经济实践经验，提炼升华农村金融改革发展理论，总结归纳了一系列达成共识的发展规律。比如，坚持扎根县域、支农支小的核心定位，坚持“服务为先、风险为基、盈利可靠”的发展逻辑，坚持“党的领导、员工为本、法人治理”的治理体系，坚持“小法人、大平台”的管理体制。农合机构积淀了深厚的理论，为高质量发展提供了理论指导。

中国银行业协会农村合作金融工作委员会连续多年组织编写《全国农村合作金融机构行业发展报告》，全面展现了农合机构改革发展取得的重大进展。2019 年，浙江省联社牵头，江苏、福建、江西、河南、云南省联社和北京、天津、重庆农商银行共同参与，编写了 2019—2020 年度报告。报告分为五篇，包含十章和七个专题。第一篇是发展环境篇，介绍经济金融环境；第二篇是经营管理篇，阐述运行发展态势、体制机制建设和风险防控体系建设；第三篇是业务发展篇，剖析资产、负债和中间业务发展情况；第四篇是转型创新篇，重点分析为顺应经济高质量和金融科技发展趋势，加快金融供给侧结构性改革、强化数字科技引领作用的实践探索；第五篇是专题篇，聚焦探讨服务乡村振兴、助力“最多跑一次”改革、零售业务转型等主题。希望该报告能为社会各界和农村金融工作的参与者、从业者、研究者提供参考。

我国社会主要矛盾在金融领域集中体现为人民群众日益增长

的金融需求和不平衡不充分的金融供给之间的矛盾，而“三农”、小微金融供给不平衡不充分问题最为突出，农合机构改革任务最为繁重。这也是党中央、国务院一直以来高度重视的供给侧结构性改革工作之一。2019年中央一号文件提出：推动农村商业银行、农村合作银行、农村信用社逐步回归本源，为本地“三农”服务。2020年中央一号文件明确：深化农村信用社改革，坚持县域法人地位。农合机构是我国中小银行的主要代表，农合机构改革应该纳入中小银行改革框架中统筹考虑。2019年2月22日，习近平总书记在中共中央政治局第十三次集体学习时强调“要构建多层次、广覆盖、有差异的银行体系”“增加中小金融机构数量和业务比重，改进小微企业和‘三农’金融服务”。下一步，农合机构要以习近平新时代中国特色社会主义思想为指导，按照党中央、国务院关于深化农村信用社改革决策部署，完善符合中国特色社会主义道路的中小银行治理模式，增强专业化服务功能，提升风险防控能力，大力发展数字普惠金融，强化支农支小金融主力军作用，实现高质量发展，为“三农”、小微企业和地方经济社会发展作出新的贡献。

浙江省农信联社党委书记、理事长 王小龙

2020年5月

目　　录

第一篇　发展环境篇

第二篇　经营管理篇

第四篇　转型创新篇

第五篇　专题篇

第一篇
发展环境篇

2018 年以来，全国农村合作金融机构（以下简称农合机构，包括农村信用社、农村合作银行和农村商业银行）经营环境总体稳中向好。我国经济下行压力加大，但经济运行总体平稳，经济发展从量的扩张转向质的提升。其中，农村经济总体保持平稳，结构继续改善，发展质量稳步提升，农村居民收支平稳增长，收入结构稳步改善，消费持续升级，农业生产资料价格明显上涨，农村消费价格稳步上涨，改革发展成果更多更公平地惠及农村居民。面对新形势、新问题、新挑战，宏观政策延续稳中求进总基调，中共中央政治局 2018 年 7 月 31 日于会议上首次提出“稳就业、稳金融、稳外贸、稳外资、稳投资、稳预期”工作要求，2019 年以来强调保持战略定力，加大逆周期调节力度。货币政策在边际上更趋宽松，着重降成本和结构引导，尤其是加大对“三农”、民营和小微企业等重点领域和薄弱环节的金融支持。财政政策保持积极，2019 年加大力度，着重减税降费和优化支出。金融监管从严态势有所缓和，更加强调把握好节奏和力度。与此同时，农业供给侧结构性改革深化推进，乡村振兴战略实现良好开局。

第一章 经济环境

全球经济2018年以来增长放缓，尤其是2019年增长放缓趋势明显，增长动能不足，下行风险加大，贸易摩擦与地缘政治等不确定性因素形成拖累。2018年，我国经济运行总体平稳，经济增长保持韧性，结构调整扎实推进，三大攻坚战取得实质性进展，供给侧结构性改革深化，总供求基本平衡，改革开放有力推进，宏观政策效果逐步显现，不存在持续通胀或通缩的基础。但2019年以来，我国经济下行压力持续加大，食品价格同比上涨幅度较大，未来一段时间需警惕通胀预期发散。在此背景下，我国农村经济增长总体平稳，结构继续改善，发展质量稳步提升，农村居民收支平稳增长，收入结构稳步改善，消费持续升级，农业生产资料价格明显上涨，农村消费价格温和上涨，中美农产品贸易摩擦加剧。

一、农村经济发展稳中向好

2018年以来，我国经济运行总体平稳，但经济下行压力加大，同时经济发展从量的扩张转向质的提升。其中，农村经济发展也呈现总体平稳态势，发展质量稳步提升。

（一）农村经济总体保持平稳

第一产业增加值平稳增长，对GDP增长的贡献率和拉动保持平稳。2018年，我国GDP总量首次突破90万亿元大关，这是自2016年突破70万亿元，2017年突破80万亿元后，再次攀上新台阶。[①]（其中，第一产业增加值 6.5 万亿元，占 GDP 比重下降 0.38 个百分点跌至 7.19%，到 2019 年第三季度末进一步降至 6.16%。）[②] 按可比价格计算，2018 年我国 GDP 同比增长 6.6%，实现了 6.5% 左右的预期发展目标，增速仍位居世界前五大经济体之首，对世界经济增长贡献率在 30% 左右。[③] 2019 年前三季度我国 GDP 同比增速进一步下滑至 6.2%，但仍在 6% ~6.5% 的目标区间内。[④]（其中，第一产业增加值 2018 年同比增长 3.5%，保持 20 世纪 80 年代中期以来围绕 4% 中枢波动的态势，2019 年前三季度同比增速降至 2.9%；对 GDP 增长的贡献率 2018 年下降 0.6 个百分点，但仍然保持 21 世纪初以来 5% 左右的贡献率，2019 年前三季度下降 1 个百分点降至 3.2%；对 GDP 增长的拉动 2013—2018 年持续稳定在 0.3% 左右，2019 年前三季度降至 0.19%。）[⑤]

（二）农业高质量发展成效明显

2018 年以来，农业农村部以推进农业供给侧结构性改革为主线，坚持质量兴农、绿色兴农，农业呈现高质量发展态势。

在质量兴农方面，质量发展是兴国之道、强国之策。推进质量兴农是以习近平同志为核心的党中央准确把握我国农业农村发展的阶段性特征和主要矛盾，对“三农”工作作出的重要战略部署和重大工作安排。2018 年中央一号文件聚焦实施乡村振兴战略，提出推动农业由增产导向转为提质导向，切实推进质量兴

---

① 数据来源：《2018 年国务院政府工作报告》。

② 数据来源：Wind。

③ 数据来源：《2018 年国务院政府工作报告》。

④ 数据来源：国家统计局。

⑤ 数据来源：Wind。

农。原农业部将2018年确定为“农业质量年”，全面推进质量兴农、绿色兴农、品牌强农。农业农村部联合6个部门于2019年2月印发《国家质量兴农战略规划（2018—2022年）》（农发〔2019〕1号），明确实施质量兴农战略的总体思路、发展目标和重点任务。突出抓好标准化生产工作，确立了一系列农业生产技术规范和操作规程，制定农药残留行业标准超过1.5万项；持续开展农产品质量安全县创建活动，全面建立国家省地县4级农产品质量安全追溯体系，已经有3.7万个企业在国家农产品质量安全追溯平台注册；着力增加绿色优质农产品供应，2019年前三季度新认证绿色食品产品11998个，有机产品3197个，农产品地理标志产品255个，产品总数超过4万个；农产品质量安全例行监测总体合格率保持在97%以上。[①]

在绿色兴农方面，持续推进农业绿色发展五大行动，大力推进生产方式绿色化。围绕“打好污染防治攻坚战”的要求，2018年全国主要农作物病虫害绿色防控覆盖率和主要粮食作物专业化统防统治率比上年分别提高2.2个和1.4个百分点。选择14个重点县开展整建制绿色高质高效创建，示范推广绿色高质高效技术模式，带动大面积增产增效。2019年推进《关于加快推进长江经济带农业面源污染治理的指导意见》（发改农经〔2018〕1542号）、《农业农村部关于支持长江经济带农业农村绿色发展的实施意见》（农计发〔2018〕23号）等政策落实落细，坚持问题导向，突出打好长江经济带农业面源污染防控、水生生物多样性保护和农村人居环境整治三场硬仗，建设一批农业绿色发展先行区，加快补齐农业农村生态环境保护“短板”，整区域整建制推进农业农村绿色发展。2019年前三季度，有机肥替代化肥试点

① 数据来源：农业农村部官网。

县增加到 175 个；畜禽粪污资源化利用整县推进项目实现 585 个畜牧大县全覆盖，利用率超过 70%，扩大耕地轮作休耕试点规模，保持 3000 万亩以上；认定了第二批农业绿色发展先行区，浙江、海南整省推进，让人民群众从绿色发展当中获益更多。①

二、农村居民收支平稳增长

2018—2019 年前三季度，我国居民收支增速放缓，但结构继续改善。其中农村居民收入持续增长，收入结构稳步改善，农村居民消费增速提高，消费结构升级，改革发展成果更多更公平惠及农村居民。

（一）农村居民收入持续增长，结构稳步改善

农村居民收入增速持续高于城镇，城乡收入差距稳步收窄。表 1－1－1 显示，2019 年前三季度，全国农村居民人均可支配收入 1.16 万元，实际增速下滑 0.4 个百分点至 6.4%，但持续高于城镇。由此，城乡居民人均可支配收入倍差持续下降，2019 年第三季度末降至 2.75，低于上年同期的 2.78。

表 1－1－1　　居民人均可支配收入增长　　单位：万元，%

时间	居民人均可支配收入			城乡居民可支配收入倍差	居民人均可支配收入实际同比		
	全国	城镇	农村		全国	城镇	农村
2014	2.02	2.88	1.05	2.75	8	6.8	9.2
2015	2.20	3.12	1.14	2.73	7.4	6.6	7.5
2016	2.38	3.36	1.24	2.72	6.3	5.6	6.2
2017	2.60	3.64	1.34	2.71	7.3	6.5	7.3
2018	2.82	3.93	1.46	2.69	6.5	5.6	6.6
2019Q3	2.29	3.20	1.16	2.75	6.1	5.4	6.4

数据来源：国家统计局、Wind。

① 数据来源：农业农村部官网。

农村居民收入结构稳步改善。表 1－1－2 显示，2014 年以来，农村居民工资性收入占比、财产性收入占比、转移净收入占比均稳步提高，收入结构更趋多元化。这主要得益于国家稳步推动农业供给侧结构性改革、农村“三块地”改革。

表 1－1－2　　城乡居民人均可支配收入构成　　单位：%

时间	工资性收入占比		经营净收入占比		财产净收入占比		转移净收入占比	
	城镇	农村	城镇	农村	城镇	农村	城镇	农村
2014	62. 19	39. 59	11. 37	40. 40	9. 75	2. 12	16. 70	17. 90
2015	61. 99	40. 28	11. 14	39. 43	9. 75	2. 20	17. 12	18. 09
2016	61. 47	40. 62	11. 22	38. 35	9. 73	2. 20	17. 58	18. 83
2017	61. 00	40. 93	11. 17	37. 43	9. 91	2. 26	17. 93	19. 38
2018	60. 62	41. 02	11. 32	36. 66	10. 26	2. 34	17. 80	19. 98
2019Q3	60. 36	45. 09	12. 09	31. 20	10. 27	2. 52	17. 28	21. 19

数据来源：国家统计局、Wind。

（二）农村居民消费稳步增长，结构持续升级

农村居民消费稳步增长，城乡差距持续缩小。2019 年前三季度，农村居民人均消费支出 0. 94 万元，同比增长 9. 55%，2018 年曾创下近 4 年最高增速 10. 67%，明显快于城镇，成为经济的重要稳定器。城乡居民消费支出倍差 2014 年以来持续收窄，2019 年第三季度末降至 2. 18，低于上年同期的 2. 23。

表 1－1－3　　居民人均消费支出情况　　单位：万元，%

时间	居民人均消费支出			城乡居民消费支出倍差	居民人均消费支出同比			居民恩格尔系数		
	全国	城镇	农村		全国	城镇	农村	全国	城镇	农村
2014	1. 45	2. 00	0. 84	2. 38	9. 61	8. 01	11. 99		34. 20	37. 80
2015	1. 57	2. 14	0. 92	2. 32	8. 43	7. 13	10. 02	30. 60	29. 70	33. 00
2016	1. 71	2. 31	1. 01	2. 28	8. 90	7. 88	9. 84	30. 10	29. 30	32. 20
2017	1. 83	2. 44	1. 10	2. 23	7. 08	5. 92	8. 15	29. 30	28. 60	31. 20
2018	1. 99	2. 61	1. 21	2. 15	8. 36	6. 82	10. 67	28. 40	27. 70	30. 10
2019Q3	1. 55	2. 04	0. 94	2. 18	8. 84	7. 18	9. 55	—	—	—

数据来源：国家统计局、Wind。

农村居民消费结构持续升级。2014 年以来，农村居民家庭在交通和通信、教育、文化和娱乐、医疗保健等方面的支出总体都呈现较快增长态势。由此，这三大方面的消费支出占比总体都呈现稳步攀升态势，农村居民家庭恩格尔系数稳步下降至 2018 年的 30.1%，与城镇的差距连续 4 年缩小，农民居民消费升级趋势明显并且快于城镇。

表 1-1-4　　农村居民人均消费支出构成　　单位:%

时间	食品烟酒	衣着	居住	生活用品及服务	交通和通信	教育、文化和娱乐	医疗保健	其他用品及服务
	占比	占比	占比	占比	占比	占比	占比	占比
2014	33.57	6.09	21.03	6.04	12.08	10.25	8.99	1.94
2015	33.05	5.97	20.89	5.92	12.61	10.51	9.17	1.89
2016	32.24	5.68	21.20	5.88	13.42	10.57	9.17	1.84
2017	31.17	5.59	21.49	5.79	13.77	10.69	9.67	1.83
2018	30.07	5.34	21.95	5.94	13.94	10.74	10.23	1.80
2019Q3	28.40	5.51	21.51	5.93	14.28	10.86	11.54	1.97
时间	增速	增速	增速	增速	增速	增速	增速	增速
2014	10.16	12.47	11.58	11.29	15.74	13.90	12.83	13.04
2015	8.32	7.86	9.28	7.72	14.86	12.77	12.22	6.75
2016	7.16	4.52	11.47	9.18	16.92	10.42	9.83	6.90
2017	4.56	6.36	9.64	6.43	10.96	9.41	13.97	8.06
2018	6.76	5.88	13.04	13.56	11.99	11.19	17.09	8.46
2019Q3	10.30	8.19	7.02	2.78	10.14	14.80	11.24	10.18

数据来源：国家统计局、Wind。

（三）政策持续发力，更多更公平地惠及农村居民

脱贫攻坚战政策逐步建立健全，多措并举精准扶贫。党中央、国务院 2018 年 6 月印发《关于打赢脱贫攻坚战三年行动的指导意见》，将 128 项任务分解落实到 71 个部门。各地区各部门都制定了打赢脱贫攻坚战三年行动的实施方案，提出了具体措

施。《关于深入开展消费扶贫助力打赢脱贫攻坚战的指导意见》（国办发〔2018〕129号）《关于进一步支持和促进重点群体创业就业有关税收政策的通知》（财税〔2019〕22号）《关于进一步规范和完善扶贫小额信贷管理的通知》（银保监发〔2019〕24号）分别从消费、税收、信贷等方面部署推进脱贫攻坚战。比如，加大基本养老、基本医疗等保障力度，2018年将城乡居民基础养老金最低标准从每月70元提高到88元，贫困人口医疗费用实际保险比例提高到80%以上；2019年居民医保人均财政补助标准增加30元，降低并统一大病保险起付线，报销比例由50%提高到60%，所有贫困县基本落实县域内先诊疗后付费和“一站式”结算制度。加强对城镇各类就业困难人员的就业帮扶，2019年开始对招用农村贫困人口、城镇登记失业半年以上人员的各类企业，三年内给予定额税费减免，从失业保险基金结余中拿出1000亿元，用于1500万人次以上的职工技能提升和转岗转业培训。①

改革发展成果更多更公平地惠及农村居民。《全国人大常委会专题调研组关于脱贫攻坚工作情况的调研报告》指出，2018年末，全国农村贫困人口从2012年末的9899万人减少至1660万人，当年减少1386万人，累计减少8239万人；贫困发生率从2012年的10.2%下降至1.7%，累计下降8.5个百分点。据全国农村贫困监测调查，2019年前三季度贫困地区农村居民人均可支配收入8163元，比上年同期增加794元，增长10.8%，扣除价格因素影响，实际增长8.0%，比全国农村居民快1.6个百分点，比全国居民快1.9个百分点。② 这主要得益于2019年以来，各地

① 数据来源：《2019年国务院政府工作报告》。

② 数据来源：国家统计局。

区各部门脱贫攻坚责任进一步压实，深度贫困地区脱贫攻坚进度加快，解决“两不愁、三保障”突出问题全面启动，加上东西协作和中央单位定点扶贫工作强力推进，资金投入和监管力度不断加大。农村人居环境整治全面铺开，农村人居环境持续改善。2019 年第三季度末，全国 80% 以上行政村的生活垃圾得到有效处理；近 30% 的农户生活污水得到处理，污水乱排乱放现象明显减少；组织开展村庄清洁行动系列战役，覆盖了 90% 左右的村居，累计清理各类生活垃圾 4200 多万吨，农村面貌得到较大改善。①

三、农业生产资料价格明显上涨，农村消费价格稳步上涨

2018 年以来，生产领域价格涨幅持续明显收窄，消费领域价格涨幅稳步扩大，其中农业生产资料价格明显上涨，农村消费价格在猪肉等食品价格的影响下稳步上涨。

（一）农业生产资料价格明显上涨

表 1－1－5　　价格变化　　单位：%

时间	PPI 同比	PPI 同比：生产资料	PPI 同比：生活资料	农业生产资料价格同比	CPI 同比	CPI 同比：食品	CPI 同比：非食品	农村 CPI 同比
2014	－1.89	－2.47	－0.02	－0.85	1.99	3.09	1.44	1.79
2015	－5.20	－6.70	－0.30	0.38	1.44	2.34	0.99	1.28
2016	－1.40	－1.80	0.00	0.14	2.00	4.60	1.40	1.85
2017	6.30	8.30	0.70	0.63	1.60	－1.40	2.30	1.25
2018	3.50	4.60	0.50	3.10	2.10	1.80	2.20	2.07
2019Q3	0.00	－0.30	0.80	3.50	2.50	6.50	1.50	2.60

数据来源：国家统计局、Wind。

① 数据来源：农业农村部官网。

PPI同比从2017年的高点6.3%快速回落至2018年的3.5%，2019年第三季度末进一步下滑至零。其中，生活资料价格同比增速平稳，生产资料价格同比增速从高位快速回落，从2017年的高点8.3%大幅回落至2018年的4.6%，2019年第三季度末进一步下滑至－0.3%。农业生产资料价格2018年同比上涨3.1%，涨幅比2017年扩大2.5个百分点，2019年第三季度末同比上涨3.5%，涨幅趋缓但处于2013年第二季度以来的高位。

（二）农村消费价格稳步上涨

CPI同比增速2018年以来稳步上升，2018年提高0.5个百分点至2.1%，2019年第三季度末进一步提高0.4个百分点至2.5%。从结构上看，食品、消费品逐步替代非食品、服务成为居民消费价格上涨的主要驱动力，2017—2019年第三季度末，食品价格同比增速从－1.4%大幅攀升至6.5%，非食品价格同比增速从2.3%降至1.5%，消费品价格同比增速从0.7%攀升至3%，服务价格同比增速从3%降至1.9%。农村CPI同比增速从2017年的1.25%提高至2018年的2.07%，2019年第三季度末进一步提高至2.6%。其中，烟酒、畜肉、蛋、鲜菜、鲜果等价格涨幅较大。比如，畜肉2019年第三季度末同比大涨22.4%，涨幅比2017年扩大28.94个百分点，蛋在2018年上涨12.67%的基础上，2019年第三季度末进一步上涨4.6%。

四、农业经营环境危中有机

2018年初以来，农业经营环境的变化主要体现在中美贸易摩擦和实施乡村振兴战略两方面。实施乡村振兴战略将在第二章展开，本章主要分析中美贸易摩擦对我国农业经营的影响。2018年初以来，尤其是3月以来，中美贸易摩擦愈演愈烈。2018年3月

22 日，特朗普政府宣布“因知识产权侵权问题对中国商品征收 500 亿美元关税，并实施投资限制”。3 月 23 日，我国商务部宣布采取反制措施，计划对价值 30 亿美元的美国产水果、猪肉、葡萄酒、无缝钢管和另外 100 多种商品征收关税。自此，中美贸易摩擦正式开启。4 月 4 日，美国政府发布了加征关税的商品清单，将对我国向美国输送的 1333 项 500 亿美元的商品加征 25% 的关税。随后，我国商务部发布 2018 年第 34 号公告，将对原产于美国的大豆等农产品、汽车、化工品、飞机等进口商品对等采取加征关税措施，税率为 25%，涉及 2017 年中国自美国的进口金额约 500 亿美元。2019 年 8 月 5 日，由于日前美方宣称拟对 3000 亿美元中国输美商品加征 10% 关税，国务院关税税则委员会对 8 月 3 日后新成交的美国农产品采购暂不排除进口加征关税的可能，中国相关企业已暂停采购美国农产品。2019 年 9 月 25 日，美方公布了三份对中国加征关税商品的排除清单，为此商务部新闻发言人表示中方支持相关企业继续按照市场化原则和世贸组织规则，自美采购一定数量大豆、猪肉及制品等农产品，国务院关税税则委员会将继续对上述采购予以加征关税排除。尽管中美已经进行了十几轮的经贸高级别磋商，但是中美贸易摩擦仍然面临较大的不确定性；尽管目前将自美国进口的农产品大部分纳入加征关税的排除范围，但是我国对自美国进口的农产品仍然存在不排除加征关税的风险。

（一）中美农产品贸易联系紧密

中美是重要的农产品贸易伙伴，并且美国在中美农产品贸易中一直处于顺差状态。我国是美国重要的农产品进口国，美国是我国重要的农产品出口国，我国进口美国农产品金额较大的品类分别为大豆、高粱、猪肉和玉米。

中美大豆贸易依存度高。近几年，我国大豆进口依存度大约维持在80%，其中约35%的进口大豆来自美国，美国是我国第二大大豆进口国，在中美贸易摩擦冲击下2018年从美国进口的大豆占比大幅降至19.90%。我国也是美国重要的大豆出口市场，美国大豆出口依存度约50%，并且逾50%出口至我国，在中美贸易摩擦冲击下2018年美国出口依存度降至约40%，仅34.99%出口至我国。大豆贸易是供需严重不匹配造成的结果。美国、巴西、阿根廷是全球最大的三个大豆生产国，2018年分别约占全球大豆产量的33.65%、32.66%、15.44%，美国产量占比较2017年下降1.5个百分点，2019年预计进一步下降。我国是全球最大的大豆消费国，约占全球消费量的30%。由此，我国是全球最大的大豆进口国，占全球大豆进口量的比重2017年为61.39%，2018年降至56.64%；巴西、美国是最重要的大豆出口国，2018年约占全球大豆出口量的50.20%、31.89%，美国出口占比较2017年下降6.05个百分点。

我国对美国高粱依存度较高。高粱是大豆之外中美贸易额第二大的农产品。2017年，我国高粱需求量782万吨，其中508万吨来自进口，进口依存度约65%，其中进口量的94%来自美国，贸易额约9.57亿美元，2018年降至7.26亿美元。

我国猪肉对美国进口依存度极低。我国是最大的猪肉生产、消费国，2016年我国猪肉进口量激增112%，但进口依存度仅3.88%，2017、2018年我国猪肉进口依存度分别回落至2.90%、2.82%，其中美国占比约10%。不过，考虑到环保整治对猪肉供应的短期冲击，2019、2020年我国猪肉进口依存度将有所攀升。美国近几年猪肉出口量较为平稳，产量的逾20%用于出口，其中出口至我国的不足10%，出口至我国的金额2016年较高为4.09亿美元，2017年为2.86亿美元，2018年大幅降至 1.29 亿美元。

我国玉米对美国进口依存度极低。2018 年，我国玉米消费量 2.73 亿吨，进口量 0.07 亿吨，进口依存度仅 1.64%，其中 4.46% 的进口量来自美国，不过来自美国的进口量占比年度波动较大。美国是全球最大的玉米生产国，产量的约 14% 用于出口，其中出口至我国的不到 1%。

（二）我国农业发展危中有机

中美贸易摩擦加剧重塑我国外贸依存度较高农产品的供需格局，影响我国农业发展。与此同时，我国也将积极采取有效应对措施，降低其负面影响。为了便于分析和把握重点，本章集中分析中美贸易摩擦对大豆及其相关产业的影响。

中美大豆贸易摩擦加剧，将推动大豆及其相关商品价格上涨，抑制国内相关商品消费。针对美豆加征 25% 的关税，推动我国大豆价格上涨，间接推动我国豆粕、豆油等压榨产品价格上涨，也将带动菜粕、菜籽油等替代品价格上涨，还将通过饲料产业链推动鱼类、肉类相关农产品价格上涨，推高居民消费品价格。这些商品价格的上涨，将直接抑制对其的消费需求，并间接压制对其他相关商品的需求。

我国将增加南美大豆的进口，但这无法填补美豆供应缺口。从目前全球大豆供需格局看，巴西已经是我国第一大大豆进口国，占比逾 50%，进一步扩大巴西大豆进口空间有限，潜在的选择是全球第三大大豆生产国阿根廷。不过，在目前情况下，南美大豆难以有效弥补美豆供应缺口，南美大豆和美豆分别在不同时期主导全球大豆市场，3 ~8 月是美豆淡季、南美大豆旺季，加之阿根廷 2018 年下调大豆和豆制品出口税但仍高达 18%。长期看，全球大豆生产和出口将进一步向南美集中。

我国种植业结构调整有望加速推进。近年来，我国以“减水稻、控玉米、扩大豆”为重点，持续推进种植结构调整，中美大豆贸易摩擦加剧将加速这一进程。为实施好新形势下国家粮食安全战略，促进我国大豆生产恢复发展，提升国产大豆自给水平，农业农村部决定从2019年起实施大豆振兴计划。2019年，政策明确增加1000万亩大豆。结合“十三五”规划和乡村振兴战略实施，推动国内大豆生产实现“扩面、增产、提质、绿色”的目标。一是扩大面积。主要通过种植模式和水稻、玉米等种植结构调整来增加大豆面积。到2020年，全国大豆种植面积达到1.4亿亩；到2022年，全国大豆种植面积达到1.5亿亩，达到21世纪以来最高水平。二是提高单产。到2020年，全国大豆平均亩产达到135公斤；到2022年，全国大豆平均亩产达到140公斤，逐步缩小与世界大豆主产国的单产差距。三是提升品质。到2020年，国产食用大豆蛋白质含量、榨油大豆脂肪含量分别提高1个百分点；到2022年，再分别提高1个百分点，达到或超过世界大豆主产国平均水平。四是绿色发展。全国大豆化肥、农药使用量保持负增长，到2020年化肥、农药利用率均达到40%，耕种收综合机械化率达到78%；到2022年化肥、农药利用率稳定在40%以上，耕种收综合机械化率达到80%。长期看，我国种植业结构将稳步改善，降低大豆等重要农产品的进口依存度，提振种植产业。

第二章 政策环境

2018 年以来，宏观政策延续稳中求进总基调，中共中央政治局于 2018 年 7 月 31 日会议上首次提出“稳就业、稳金融、稳外贸、稳外资、稳投资、稳预期”工作要求，以积极应对中美贸易摩擦升级、我国风险事件频发等新问题新挑战。货币政策基调由“稳健中性”转为“稳健”，着重降成本和回归本源。积极财政政策着力减税降费、补短板，侧重扩大内需和调整结构。与此同时，农业供给侧结构性改革深化推进，乡村振兴战略实现良好开局。

一、宏观政策保持稳中求进工作总基调

2018 年以来，面对稳中有变、变中有忧的内外部形势，坚持稳中求进工作总基调，坚决不搞“大水漫灌”式强刺激，保持宏观政策连续性稳定性，坚持实施稳健的货币政策和积极的财政政策，统筹稳增长、促改革、调结构、惠民生、防风险，稳妥应对中美经贸摩擦，着力稳就业、稳金融、稳外贸、稳外资、稳投资、稳预期。面对新情况新变化，创新和完善宏观调控，着力解决民营企业、小微企业融资难、融资贵问题，坚持把解决好“三农”问题作为全党工作重中之重，深化推进农业供给侧结构性改革，实施乡村振兴战略。

二、货币政策着重降成本和结构引导

货币政策在中美贸易摩擦升级和我国经济下行压力有所加大背景下，于2018年中由“稳健中性”转为“稳健”基调，第四季度货币政策执行报告进一步要求“稳健的货币政策保持松紧适度，强化逆周期调节，把握好宏观调控的度，在多目标中实现综合平衡”“增强前瞻性、灵活性、针对性”，为实体经济高质量发展提供适宜的货币金融环境。2019年以来，在全球经济下行压力加大、美国引领全球主要经济体重启宽松货币政策、外部不确定不稳定因素增多以及我国经济下行压力持续加大、食品价格涨幅较大等背景下，货币政策在边际上偏向宽松，同时更加注重继续保持定力，把握好政策力度和节奏，加强逆周期调节，加强结构调整，将改革和调控、短期和长期、内部均衡和外部均衡结合起来，用改革的办法疏通货币政策传导，促进降低社会综合融资成本，为实现“六稳”和经济高质量发展营造适宜的货币金融环境。总体而言，货币政策在保持稳健的总基调下，着重降低企业尤其是“三农”、民营小微企业等重点领域和薄弱环节的融资成本，以及通过精准发力发挥结构引导作用。

（一）货币市场总量保持稳定，流动性合理充裕

灵活开展公开市场操作。2018年以来，人民银行以7天期逆回购为主搭配不同期限品种灵活开展公开市场操作，有效应对税收、节假日、季末考核等因素对流动性的冲击，保持银行体系流动性合理充裕。同时，针对金融体系结构性去杠杆引发的流动性波动加大的情况，适当增厚流动性缓冲垫，提高政策透明度和协同性，维护金融市场平稳运行。尤其是考虑到包商银行被接管等事件引发市场情绪波动的情况，从2019年5月下旬开始适当加

大公开市场逆回购操作力度，并从 6 月中旬开始先后启动 28 天期逆回购操作和 14 天期逆回购操作，平抑市场短期波动，为包括中小银行和非银金融机构在内的各类市场主体提供了适宜的流动性环境。人民银行 2019 年第一季度创设央行票据互换工具（CBS），根据市场需求情况连续开展操作，有效提升了银行永续债的二级市场流动性，提高了市场主体认购银行永续债的意愿，支持银行发行永续债补充资本。2018 年 11 月以来，人民银行在香港离岸市场滚动发行了 13 期，共计 1600 亿元人民币央行票据，建立了在香港发行央行票据的常态机制，丰富了香港市场高信用等级人民币投资产品品类和人民币流动性管理工具，也有利于形成更加完善的香港人民币债券收益率曲线，推动人民币国际化。适时开展中期借贷便利操作（MLF）和常备借贷便利操作（SLF）。在外汇占款投放基础货币渠道受阻背景下，MLF 操作逐步成为人民银行投放基础货币的重要渠道之一，有效弥补了银行体系中长期流动性缺口。2018 年，人民银行累计开展 MLF 操作 49510 亿元，均为 1 年期，部分金融机构使用降准释放的资金置换 MLF 共 13515 亿元，期末余额 49315 亿元，比年初增加 4100 亿元①。2019 年前三季度，人民银行累计开展 MLF 操作 22900 亿元，期限均为 1 年，期末余额 31670 亿元，比年初减少 17645 亿元②。在春节期间和月末、季末等货币市场利率易发生波动的节点，及时开展 SLF 操作，满足中小金融机构短期流动性需求，人民银行 2018 年累计开展 SLF 操作 4385 亿元，期末余额 928 亿元③，2019 年前三季度累计开展 SLF 操作共 3182 亿元，9 月末余

① 数据来源：《2018 年第四季度中国货币政策执行报告》。
② 数据来源：《2019 年第三季度中国货币政策执行报告》。
③ 数据来源：《2018 年第四季度中国货币政策执行报告》。

额600亿元[①]。

适时调整存款准备金率和外汇风险准备金率。2018年，人民银行4次下调金融机构存款准备金率，释放资金约2.1万亿元；2019年前三季度，1月、5月、9月共3次宣布下调金融机构存款准备金率，分7次执行，确立“三档两优”的存款准备金率新框架，释放资金约2万亿元，增加了银行体系资金稳定性，优化了流动性结构，尤其是强化对中小银行的流动性支持和结构引导作用。同时，针对中美贸易摩擦和国际汇市变化等引发的人民币汇率顺周期波动迹象，人民银行决定从2018年8月6日起将远期售汇业务的外汇风险准备金率从0调整为20%，助力金融机构防范金融风险。

货币供应量适度增长，存款定期化趋势2019年有所缓和。2019年9月末，广义货币供应量M_2余额195.23万亿元，累计同比增长8.36%，2018年同比增长8.1%，与2017年持平，增速从2016—2017年的持续下滑转向趋稳，保持在8%以上，与名义GDP增速基本匹配[②]。2018年存款进一步趋于定期化，M_2与M_1增速剪刀差延续2016年8月以来的持续攀升态势，从2017年末的-3.7个百分点进一步攀升至2018年末的6.6个百分点，但2019年前三季度存款定期化趋势有所缓和，M_2与M_1增速剪刀差小幅回落至5%左右[③]。

社会融资规模适度增长，金融支持实体经济力度稳固。据人民银行初步统计，社会融资规模存量2018年末200.75万亿元，同比增长9.8%，增速比上年下滑2.2个百分点；2019年9月末

① 数据来源：《2019年第三季度中国货币政策执行报告》。

② 数据来源：《2019年第三季度中国货币政策执行报告》、Wind。

③ 数据来源：Wind。

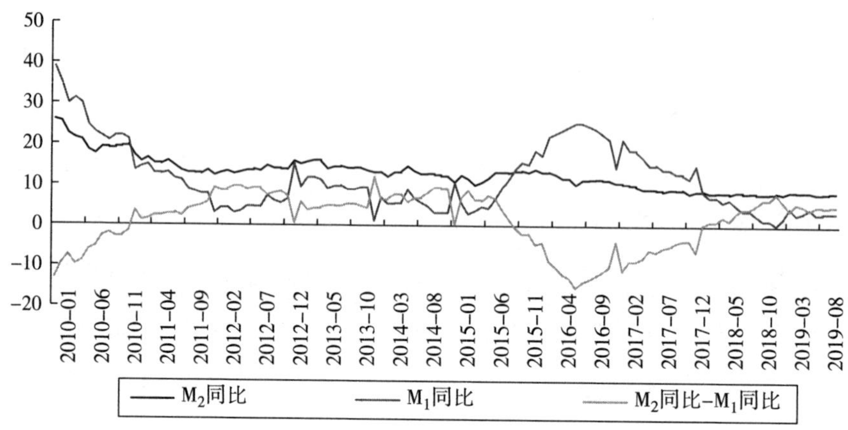

图 1－2－1　M_2 同比、M_1 同比、M_2 同比－M_1 同比

（数据来源：中国人民银行）

219.04 万亿元，同比增长 10.8%，增速比上年同期高 0.2 个百分点，增速与名义 GDP 增速基本匹配并略高。在金融回归本源政策导向下，金融支持实体经济力度持续加大。其中，人民币贷款 2018 年新增 15.67 万亿元，同比多增 1.83 万亿元，2019 年前三季度新增 13.9 万亿元，同比多增 1.1 万亿元；受益于相对充裕的宏观流动性和债券支持政策，企业债券融资 2018 年新增 2.63 万亿元，同比多增 2.39 万亿元，2019 年前三季度新增 2.4 万亿元，同比多增 6955 亿元；受益于财政政策更加积极，地方政府专项债 2019 年前三季度新增 2.17 万亿元，同比多增 4704 亿元；受累于股票市场不温不火，非金融企业境内股票融资维持低位，2018 年、2019 年前三季度同比分别少增 5128 亿元、756 亿元。在经济下行压力加大背景下，2019 年以来金融严监管态势有所缓和，并且负面效应有所减弱，委托贷款、信托贷款和未贴现银行承兑汇票降幅明显收窄，同比少降 5143 亿元、3574 亿元、1562 亿元，明显好于 2018 年大幅下降趋势，2018 年合计减少 2.93 万亿元[①]。

（二）贷款利率稳中有降，人民币汇率总体稳定

引导市场利率整体下行，改革完善贷款市场报价利率（LPR）形成机制并积极推动运用，疏通利率传导渠道。面对以美国为主的主要经济体货币政策大幅调整，人民银行坚持以我为主，保持定力，适时小幅调整政策利率，引导市场利率整体下行。2018 年，在美联储持续加息的情况下，人民银行仅小幅上调政策利率，第一季度上调 7 天期逆回购操作利率 5 个基点，其他操作品种利率相应上调，第二季度上调 MLF 利率 5 个基点，此后主要政策利率保持稳定。2019 年，在美联储持续降息并提前结束缩表计划的情况下，人民银行小幅调降政策利率，11 月 5 日下调 1 年期 MLF 操作利率 5 个基点，11 月 18 日下调 7 天期逆回购操作利率 5 个基点。货币市场基准性的 7 天期存款类金融机构质押式回购加权利率（DR007）中枢 2018 年 7 月以来维持在 2.6% 左右，低于 2017—2018 年 6 月的 2.8%[②]。人民银行 2019 年 8 月 17 日宣布完善 LPR 形成机制，要求各银行尽快在新发放的贷款中主要参考 LPR 定价，同时坚决打破过去部分银行协同设定的贷款利率隐性下限，并将 LPR 运用情况纳入宏观审慎评估（MPA）和自律机制管理中，疏通市场化利率传导渠道，推动银行改进经营行为，打破贷款利率隐性下限，促进降低企业融资成本。8 月 20 日首次发布了新的 LPR，10 月 21 日第三次发布新的 LPR，1 年期 LPR 较同期限贷款基准利率低了 15 个基点，5 年期 LPR 较同期限贷款基准利率低了 5 个基点。金融机构人民币贷款加权平均利

① 数据来源：《2019 年第三季度中国货币政策执行报告》、Wind。

② 数据来源：Wind。

率2018年第四季度5.64%，同比下降0.07个百分点；2019年第三季度5.62%，同比下降0.3个百分点。其中，一般贷款加权平均利率2018年第四季度5.91%，同比上升0.11个百分点，但比第三季度下降0.28个百分点；2019年第三季度5.96%，同比下降0.23个百分点[①]。

人民币汇率总体稳定，弹性增强。2019年9月末，CFETS人民币汇率指数报91.53，较2017年末下跌3.63%；参考SDR货币篮子的人民币汇率指数报91.66，较2017年末下跌4.72%。相比2017年末，2019年9月末人民币名义有效汇率贬值3.07%，实际有效汇率贬值1.76%。2019年9月末，人民币兑美元汇率中间价7.729，比2017年末贬值8.24%，2018年以来围绕6.8中枢在6.2764～7.0884之间波动，波动幅度明显加大，调节宏观经济和作为国际收支“自动稳定器”的作用增强[②]。

（三）政策多维定向发力，金融稳步回归本源

货币政策在保持稳健的同时，重点疏通传导渠道，多措并举，定向调控，推动金融回归本源，重点引导金融机构加大对民营小微企业等国民经济重点领域和薄弱环节的支持。

一是对中小银行实行较低存款准备金率，构建“三档两优”的存款准备金新框架。2018年1月，普惠金融定向降准计划全面实施，释放资金约4500亿元。开展2018年度普惠金融定向降准动态考核，在政策激励下，与上年相比，更多金融机构达到普惠金融定向降准标准，净释放长期资金约2500亿元[③]。扩大普惠金

① 数据来源：Wind。
② 数据来源：《2019年第三季度中国货币政策执行报告》、Wind。
③ 数据来源：《2018年第四季度中国货币政策执行报告》。

融定向降准优惠政策覆盖面，自2019年起将普惠金融定向降准对小型和微型企业贷款考核标准由“单户授信小于500万元”调整为“单户授信小于1000万元”，使更多小微企业受益。为进一步深化金融供给侧结构性改革，引导农村金融机构服务县域，加强对“三农”和小微企业的支持，从2019年5月15日开始，人民银行将服务县域的农商银行与农信社的存款准备金率并档，对仅在本县级行政区域内经营，或在其他县级行政区域设有分支机构但上年末资产规模小于100亿元的农商银行，降低存款准备金率2至3.5个百分点至8%，执行与农信社相同档次的存款准备金率，总计释放长期流动性资金约3000亿元，资金全部用于民营和小微企业贷款。9月6日宣布对仅在省级行政区域内经营的城商行额外降准1个百分点，释放资金约1000亿元，将定向降准的城商行使用降准资金发放民营、小微企业贷款情况纳入MPA考核。

二是积极运用再贷款、再贴现和抵押补充贷款等工具引导金融机构加大对民营和小微企业、“三农”、扶贫等重点领域和薄弱环节的支持力度。比如，2018年增加支农支小再贷款和再贴现额度共4000亿元，下调支小再贷款利率0.5个百分点。2018年和2019年前三季度对政策性银行和开发性银行净发放抵押补充贷款（PSL）共8276亿元。2019年设立专项扶贫再贷款，10月发放专项扶贫再贷款76亿元，支持部分全国性银行扩大“三区三州”信贷投放。创设定向中期借贷便利（TMLF），2019年1月、4月、7月，按季开展了三次1年期TMLF操作，到期后可根据金融机构需求叙做两次，9月末余额8226亿元。创设央行票据互换工具（CBS）助力银行永续债发行，到9月末9家银行已合计发行4550亿元永续债，提升银行可持续支持实体经济的能力。

三是金融服务乡村振兴工程稳步推进。人民银行、银保监会、证监会、财政部、农业农村部联合印发《关于金融服务乡村振兴的指导意见》（银发〔2019〕11 号），系统地阐明了金融服务乡村振兴的愿景、要求等，并对标实施乡村振兴战略的三个阶段性目标，明确了相应阶段内金融服务乡村振兴的目标。在此背景下，各级党委政府、各类金融机构纷纷出台金融服务乡村振兴的计划和方案，稳步推进金融服务乡村振兴工程落地。引导金融机构围绕乡村振兴战略要求，强化产品和服务创新，稳妥推进“两权”抵押贷款试点工作，探索以集体资产股份、农垦国有农用地使用权等依法合规抵押融资。深入开展金融精准扶贫工作，建立深度贫困地区信贷情况监测通报制度，引导金融资源向深度贫困地区倾斜，优化运用扶贫再贷款发放贷款定价机制，推动金融扶贫和产业扶贫融合发展。建立完善绿色金融政策体系，大力发展绿色信贷，持续做好农民工、少数民族等薄弱环节和弱势群体的金融服务。

三、财政政策强调减税降费和优化支出

2018 年以来，财政政策延续积极基调，在 2019 年更加积极。收入端着重减税降费，支出端着重扩内需调结构，2019 年减税降费力度更大，更加注重在“软财政”上发力。

（一）坚持实施积极的财政政策

财政政策总体延续积极基调，2018 年稍偏保守，2019 年更加积极并且较往年明显前置。2019 年赤字率拟按 2.8% 安排，同比提高 0.2 个百分点；财政赤字 2.76 万亿元，其中中央 1.83 万亿元，地方 9300 亿元，相比 2018 年的赤字率拟按 2.6% 安排，同比降低 0.4 个百分点；财政赤字 2.38 万亿元，其中中央 1.55 万亿元，地方 8300 亿元更为积极。地方政府专项债券 2019 年安

排2.15万亿元，同比增加8000亿元，相比2018年的安排1.35万亿元，同比增加5500亿元也更加积极。针对中美贸易摩擦升级、我国风险事件频发等环境变化，中共中央政治局2018年7月31日会议强调“财政政策要在扩大内需和结构调整上发挥更大作用”，这表明财政政策相比上半年更趋积极，更加强调扩大内需和结构调整。

（二）减税降费进一步加大力度

2018年以来，财政政策收入端进一步加大减税降费力度，2019年力度更大。2018年安排减税目标8000亿元，高于上年的3500亿元目标和3800亿元实际完成额，同时降低企业“五险一金”负担，合计为企业和个人减税降费约1.3万亿元。2019年安排减税降费目标近2万亿元，明显高于2018年的1.3万亿元。同时，2019年更加强调减税降费政策前置、落实落细，比如4月中央财经委员会会议强调财政政策要加力提效，减税降费要尽快落实到位。2019年前三季度，财政收入同比增长3.3%，明显低于上年同期的8.72%，也低于上年的6.2%，主要受减税降费和经济下行的影响。其中，税收收入同比下降0.4%，创近十年来新低，明显低于上年同期的12.72%，也低于上年的8.3%，主要受2018年降低增值税税率政策翘尾和2019年增值税新增减税效果放大、提高研发费用税前加计扣除比例、小微企业普惠性税收减免、2018年提高基本减除费用标准及调整税率的政策翘尾和2019年增加6项专项附加扣除的减税效应、2019年5月出台保险业手续费及佣金税前扣除比例上调政策、2019年7月开始的车辆购置税征收范围收窄和增加部分减免事项等因素影响。非税收入同比增长29.2%，明显高于上年同期的-12.76%，也明显高于上年的-4.7%，主要是因为中央通过特定金融机构和央企上缴利润，地方也采取盘活国有资源资产及国企上缴利润等方式增加非税收入。国有资本经营收入（中央为主）与国有资源（资产）有偿使用收入（地方为主）同比分别增长 3.9 倍和 19.6%，合计增收额占全国非税收入增收额的 90%，拉高非税收入增幅 26 个百分点。同时，降低各项收费标准，切实提升企业获得感，比如 2019 年各地养老保险单位缴费比例可从 19% 降至 16%。政府性基金收入同比增长 7.7%，近 6 个月以来已经缓慢回升，但明显低于上年同期的 28%，也明显低于上年的 22.6%，主要由于房企融资渠道收紧和“房住不炒”政策承压房企拿地预期。

一是深化增值税改革助推民生改善。从 2018 年 5 月 1 日起，制造业等行业增值税税率从 17% 降至 16%，交通运输、建筑、基础电信服务等行业及农产品等货物的增值税税率从 11% 降至 10%。从 2019 年 4 月 1 日起，增值税一般纳税人发生增值税应税销售行为或者进口货物，原适用 16% 税率的，现税率调整为 13%；原适用 10% 税率的，现税率调整为 9%，6% 一档税率不变，继续推进税率三档并两档，更为积极。比如，2018 年将纳税人购进农产品适用扣除率下调 1 个百分点至 10%，2019 年进一步下调至 9%，纳税人购进用于生产或者委托加工 13% 税率货物的农产品，按照 10% 的扣除率计算进项税额。2018 年统一增值税小规模纳税人标准，将工业企业和商业企业小规模纳税人年销售额标准由 50 万元和 80 万元上调至 500 万元，扩大减税受益主体。国家税务总局数据显示，自 5 月 1 日增值税三项改革实施起，2018 年减税约 2700 亿元，制造业减税占 35%。

二是实施个人所得税改革。自 2018 年 10 月 1 日起，提高基本减除费用标准，调整优化税率结构，施行 3 个月减税约 1000 亿元，7000 多万个税纳税人的工薪所得无须再缴税。在此基础上，研究制定个人所得税专项附加扣除暂行办法，设立子女教育等6项专项附加扣除，修订个人所得税法实施条例，自2019年1月1日起正式实施，实现从分类税制向综合与分类相结合税制的重大转变，惠及约8000万纳税人。

三是加大对民营和小微企业税收的支持力度。将享受减半征收企业所得税优惠政策的小型微利企业年应纳税所得额上限由50万元提高到100万元，将符合条件的小微企业和个体工商户贷款利息收入免征增值税单户授信额度上限由100万元提高到1000万元。2018年4月，国务院常务会议决定，在此前的基础上，再推出7项减税措施，加大减税力度。11月，国家税务总局发布《关于实施进一步支持和服务民营经济发展若干措施的通知》，提出26条措施，进一步支持和服务民营经济发展，包括减税降负、优化营商环境、精准帮扶、严格规范税收执法、加强组织实施五个方面。2019年1月出台小微企业普惠性税收减免政策，放宽小型微利企业标准，扩大小型微利企业的覆盖面，引入超额累进计算方法，加大企业所得税减税优惠力度，预计每年减负约2000亿元，实施期暂定三年。

四是鼓励企业加大研发投入，支持创新创业。取消企业委托境外研发费用不得加计扣除限制，将企业研发费用加计扣除比例提高到75%的政策面向对象由科技型中小企业扩大至所有企业，将高新技术企业和科技型中小企业的亏损结转年限由5年延长至10年，对企业新购进单位价值不超过500万元的设备、器具允许当年一次性税前扣除。调整完善进出口税收政策。分两批对4000多项产品提高出口退税率并简化退税率结构。对包括抗癌药在内的绝大多数进口药品实施零关税，降低汽车整车及零部件、部分日用消费品和工业品进口关税，我国关税总水平降至7.5%。落实支持“双创”税收优惠政策共减税6789亿元，同比增加1817.8亿元，增长36.6%，为增强社会创造力营造了良好环境。

在 2019 年 1 月出台的小微企业普惠性税收减免政策中，直接提高标准、放宽范围，同时兼顾地方财力差异，采取了允许地方可在 50% 幅度内减征 6 项地方税种和 2 项附加税的措施。

（三）财政支出侧重扩内需调结构

2018 年以来，财政政策支出端更加强调扩大内需和结构调整，优化财政支出结构，盘活财政存量资金，三大攻坚战、“三农”、民生等重点领域支出得到保障，2019 年力度更大。比如，2019 年安排完成铁路投资 8000 亿元，比 2018 年增加 680 亿元，中央预算内投资安排 5776 亿元，比 2018 年增加 400 亿元；创新项目融资方式，适当降低基础设施等项目资本金比例，提升财政政策乘数效应。2019 年第三季度末，财政支出同比增长 9.4%，增速比上年同期提高 1.88 个百分点，比预算增幅（6.5%）高 2.9 个百分点，延续 2017 年以来提高的趋势。从支出节奏来看，2019 年前三季度支出进度 75.9%，比序时进度（75%）快 0.9 个百分点。从支出结构看，节能环保、城乡社区事务、科学技术、卫生健康等民生领域支出同比增速较高，分别达到 14.5%、12.6%、10.6% 和 10%；债务付息在高基数基础上同比增长 13.9%，增速延续 2017 年以来的下降态势，但仍然处于高位。2019 年前三季度政府性基金支出同比增长 24.2%，增速比 2018 年同期低 12.1 个百分点，比 2018 年全年低 7.9 个百分点，但延续 2017 年以来的高增长态势①。

一是加大财政支农投入，强化结构引导作用。2018 年以来，中央财政继续加大支农投入，强化项目统筹结合，农业农村部、财政部共同实施了一系列强农惠农政策，收效显著。第一，对农

---

① 数据来源：财政部。

民进行直接补贴。耕地地力保护补贴、农机购置补贴、生产者补贴、棉花目标价格补贴等直接兑现到户，同时结合当地实际情况，保持政策的连续性、稳定性，确保广大农民直接受益。第二，引导农业经营主体结构调整、一二三产业融合。中央财政安排融合试点基金、农产品初加工补助政策，加大对相关项目的支持力度。新型职业农民培育、农民合作社和家庭农场能力建设、农业信贷担保体系建设、粮改饲、现代农业产业园建设等一系列配套措施引导农村一二三产业融合发展，极大地延伸和拓展了农业产业链，衍生出农村产业新模式。第三，支持绿色高效的农业技术，推行农机深翻作业补助、牧区畜牧良种推广补助、草原生态保护奖励等补助政策，大力推进绿色现代化农业的发展。第四，支持农业防灾救灾，中央财政推出农业生产救灾补助、动物疫病防控补助、农业保险保费补助等政策，深入推进农业大灾保险的试点。

二是财政扶贫继续加力增效。2018 年，全国扶贫支出 4770 亿元，增长 46.6%，同时中央财政补助地方专项扶贫资金 1061 亿元，增长 23.2%，增加的资金重点用于“三区三州”等深度贫困地区。全面推进贫困县涉农资金整合试点，2018 年整合资金超过 3000 亿元。严控扶贫领域融资风险，将易地扶贫搬迁贷款等统一调整规范为发行地方政府债券融资。探索建立财政扶贫资金动态监控机制，加强各级各类财政扶贫资金管理。制定财政扶贫项目资金绩效管理办法，绩效目标管理基本实现全覆盖，涉及约 11 万个扶贫项目、8000 多亿元。

三是污染防治攻坚战稳步推进。2018 年，全国污染防治支出、自然生态保护支出分别增长 29.6%、17.5%，支持污染防治和生态环境保护资金约 2555 亿元，增长 13.9%，其中大气、水、土壤污染防治投入力度均为近年来最大。实施促进长江经济带生态保护修复奖励政策，建立长江流域重点水域禁捕补偿制度。启动城市黑臭水体治理示范，支持中西部地区城镇污水处理提质增效。将宁夏贺兰山东麓、贵州乌蒙山区等 14 个项目纳入第三批山水林田湖草生态保护修复工程试点，加上前两批 11 个试点项目，基本涵盖了“两屏三带”的生态功能区块。

四是财政更多更公平惠及民生。2018 年，积极落实提高城镇退休人员基本养老金标准、城乡居民基本医疗保险财政补助标准等政策，全国财政对基本养老保险基金的补助支出增长 11.4%，对基本医疗保险基金的补助支出增长 9.4%。中央财政均衡性转移支付增长 9.2%，老少边穷地区转移支付增长 15.7%，不断加大对中西部地区的支持力度，扩大中央财政支持北方地区冬季清洁取暖试点范围。中央财政就业补助资金支出 468.78 亿元，增长 6.8%。推动教育改革发展，中央财政教育转移支付的 84.4% 投向中西部地区，并向贫困地区倾斜。全国约 1.45 亿义务教育学生免除学杂费并获得免费教科书，1392 万家庭经济困难寄宿生获得生活费补助，1400 万进城务工农民工随迁子女实现相关教育经费可携带，3700 万学生享受营养膳食补助。

五是财政更多在“软财政”上发力。针对财政资金缺口，尤其是地方政府财政资金压力，积极财政政策更加主动发挥财政转移支付、地方政府专项债券等的作用。中央财政通过加快财政转移支付预算下达和资金拨付进度，有力支持地方加快支出预算执行。2019 年前三季度拨付地方转移支付资金 60579 亿元，完成预算的 80.3%，比序时进度快 5.3 个百分点。地方政府专项债券发行前置并督促尽早使用，2019 年前三季度新增地方政府专项债券基本发行完毕，同时使用进度达 90%。到 2019 年 11 月末，3 次下调基建项目资本金要求，铁路、公路、城建等领域最低可降至 15%，允许发行权益型、股权类金融工具筹措资本金。6 月 10

日，中共中央办公厅、国务院办公厅印发的《关于做好地方政府专项债券发行及项目配套融资工作的通知》，明确专项债可做项目资本金，9 月 4 日召开的国务院常务会议扩大专项债使用范围，明确以省为单位专项债资金用于项目资本金的规模占该省份专项债规模的比例可为 20% 左右。同时，这次会议也明确根据地方重大项目建设需要，按规定提前下达 2020 年专项债部分新增额度。11 月，财政部提前下达了 2020 年部分新增专项债务限额 1 万亿元，占 2019 年当年新增专项债务限额 2.15 万亿元的 47%，同时要求各地尽快将专项债券额度按规定落实到具体项目，早发行、早使用，尽早形成对经济的有效拉动。

四、监管政策定向发力紧扣金融本源

随着 2018 年全新金融监管架构的建立，即由“一委一行三会”变成了“一委一行二会”（金融委、人民银行、银保监会和证监会），监管效率进一步提高。2019 年，金融监管体制改革进入实质性突破阶段。2016 年以来，以 MPA、资管新规、乱象整治、大额风险暴露管理、流动性风险管理等为代表的监管政策正深刻改变着我国银行业规则，推动了金融稳步回归本源，加大了对金融乱象的整治力度，着力防范系统性金融风险，重点引导金融机构加大对“三农”、民营和小微企业等重点领域和薄弱环节的支持。

（一）监管政策发力银行业乱象整治

金融监管部门积极整治公司治理不健全、监管套利等乱象，着力推动金融“脱虚向实”。人民银行 MPA 考核自 2016 年推出以来充分发挥了结构引导作用，2018 年调整 MPA 政策参数，扩大金融机构广义信贷增长空间，支持符合条件的表外资产回表。

银行业监管工作重点围绕《关于进一步深化整治银行业市场乱象的通知》（银监发〔2018〕4 号）展开，要求对 2017 年已经开展的“三三四十”专项活动治理工作进行总结，并对照 2018 年工作要点开展后续整治，重点整治公司治理不健全、违反宏观调控政策、影子银行和交叉金融产品风险等八大类 22 个方面的金融乱象。这体现了监管层防范金融风险、加强监管协调、补齐监管短板，增强对银行业乱象整治的决心。到 2019 年第三季度末，银保监会及其分支机构针对银行业金融机构及其从业人员共开出了 2530 张罚单，比上年同期少开 154 张，罚没金额 6. 8 亿元，上年罚没金额 20 亿元，银行业整体杠杆率有所下降，银行业乱象有所收敛，表明银行业乱象整治取得了阶段性成果。从处罚原由看，涉嫌违法发放贷款、内控管理不到位、信贷资金被挪用、贷款资金违规流入房地产等仍是“重灾区”。在监管格局重塑背景下，通过延续强监管、严监管、协同监管，金融机构合规意识和自律意识大幅增强，金融“脱虚向实”有了明显好转。

在整治乱象的同时，注重防范化解金融风险。因包商银行出现严重信用风险，为保护存款人和其他客户合法权益，人民银行、银保监会依法于 5 月 24 日对包商银行实施接管。总体看，果断实施接管发挥了及时“止血”作用，制止了金融违法违规行为，遏制住了风险的扩散。以收购承接方式处置包商银行风险，既最大限度保护了客户合法权益，又依法依规打破了刚性兑付，实现对部分机构激进行为的纠偏，进而强化市场纪律，促进了金融市场的合理信用分层。针对包商银行被接管等中小银行风险事件引发的市场对部分中小银行流动性风险的担忧，人民银行果断通过多种方式向市场投放流动性，有针对性地完善了再贴现、常备借贷便利、存款准备金和流动性再贷款四道防线，创新工具恢复同业信心，防范化解中小银行流动性风险，防范道德风险，有效维护市场稳定，切实防范风险外溢。同时，抓紧补齐监管制度短板，加强中小银行股东管理和公司治理，推动中小银行健康发展，守住不发生系统性金融风险的底线。

（二）监管政策开启银行资管新时代

2018 年是大资管“元年”，2019 年是“理财子公司元年”，开启了银行资管新时代。历经一年有余，大资管行业近 60 项监管政策相继落地，包括逾 15 部大资管行业政策文件相继发布。2017 年 11 月 17 日至 2018 年末，大资管行业的主要政策规范文件已经基本发布完毕，如《关于规范金融机构资产管理业务的指导意见》（银办发〔2018〕106 号）《关于进一步明确规范金融机构资产管理业务指导意见有关事项的通知》（银办发〔2018〕129 号）以及银行理财子公司、证券私募资管等行业细则发布实施，明确各行业资管业务监管要求，推动资管业务回归本源，引导资管资金以合法、规范形式进入实体经济和金融市场。配套政策也紧紧跟随，如一行两会和外管局联合发布了《关于印发〈金融机构资产管理产品统计制度〉和〈金融机构资产管理产品统计模板〉的通知》（银发〔2018〕299 号）。2019 年 9 月 20 日，银保监会就《商业银行理财子公司净资本管理办法（试行）（征求意见稿）》公开征求意见。银行理财子公司应当按照《商业银行理财业务监督管理办法》等监管规定，满足净资本不得低于 5 亿元人民币或等值自由兑换货币等要求，定期开展压力测试，测算不同压力情景下的净资本充足水平，并确保压力测试结果得到有效应用。2019 年 10 月 12 日，人民银行为规范金融机构资产管理产品投资，强化投资者保护，促进直接融资健康发展，有效防控金融风险，就《标准化债权类资产认定规则（征求意见稿）》公开征求意见。在理财子公司管理办法等政策文件发布后，各类银行积极筹备成立理财子公司。截至 2019 年 11 月末，建设银行、中国银行、上海银行、北京银行等 30 多家银行公告成立银行理财子公司，涉及理财产品总规模约 20 万亿元，占行业理财规模约 90%，其中 7 家已经正式开业。

（三）监管政策发挥结构引导作用

2018 年以来，监管层积极用好信贷、债券、股权融资“三支箭”，支持民营企业拓宽融资途径，缓解民营小微企业融资难题，推动民营和小微企业等重点领域和薄弱环节金融服务工作取得阶段性进展。监管层完善 MPA 考核体系，调整民营和小微企业贷款指标，调整普惠金融小微企业贷款考核口径，扩大普惠金融定向降准优惠政策覆盖，深入推进小微企业应收账款融资，同时督促金融机构合理安排内部信贷资源配置，落实尽职免责，运用金融科技手段，提升获取客户和风控能力。比如，原银监会发布《中国银监会办公厅关于 2018 年推动银行业小微企业金融服务高质量发展的通知》（银监办发〔2018〕29 号），旨在着力缓解小微企业金融服务供给不充分、结构不均衡的问题，推动银行业小微企业金融服务由高速增长转向高质量发展，提出“两增两控”目标。银保监会发布《中国银保监会办公厅关于 2019 年进一步提升小微企业金融服务质效的通知》（银保监办发〔2019〕48 号），旨在进一步缓解小微企业融资难融资贵问题，持续提升银行保险机构小微企业金融服务质效，优化“两增两控”目标。政策效果逐步显现，到 2019 年第三季度末，单户授信总额 1000 万元及以下的普惠型小微企业贷款户数 2086.4 万户，较年初增加 363.16 万户，余额 11.31 万亿元，较年初增长 20.81%，比各项贷款增速高 10.9 个百分点。在 2018 年小微企业贷款利率下降的基础上，2019 年前三季度新发放普惠型小微企业贷款利率进一步下降，利率比上年平均水平下降0.64个百分点至6.75%。

监管层也积极利用债券市场等推动金融服务实体经济发展，尤其是解决民营和小微企业等融资难题。一是创设民营企业债券融资支持工具并扩大试点和健全配套机制。2018年10月，国务院常务会议决定设立民营企业债券融资支持工具，以市场化方式缓解企业融资难题。随后由人民银行运用再贷款提供部分初始资金，积极支持商业银行等机构，通过出售信用风险缓释工具（CRWM）、担保增信等多种方式，支持民营企业债券融资。到2018年末，民营企业债券融资支持工具与CRWM共同支持了35家民营企业发行229.2亿元债务融资工具，11月和12月民营企业合计发行债券1550亿元，同比增长约70%，民营企业发债净融资252亿元。二是继续支持银行发行小微企业专项金融债券，拓宽支小信贷资金，2019年前三季度累计发行1508亿元，募集资金全部用于发放小微企业贷款。三是鼓励支持商业银行发行无固定期限资本债和转股型二级资本债，提高放贷能力。通过民营企业债券融资支持工具，为中小银行发行同业存单提供增信，推动商业银行通过发行永续债等方式多渠道补充资本。2019年以来，人民银行将永续债到期日作为银行清算日，解决了永续债发行面临的法律与监管矛盾的难题，与相关部门密切合作，明确了永续债的税收规则，扩大了永续债的投资主体范围，并创设央票互换工具（CBS），推动银行永续债顺利发行，提升银行可持续支持实体经济的能力。到2019年第三季度末，9家银行已合计发行4550亿元永续债，另有17家银行拟发行超过4700亿元永续债，有力扭转了信用收缩的局面，支持了2019年以来银行相对较快的贷款增速。

与此同时，监管层还多措并举，提升金融对重点人群就业创业、制造业高质量发展等领域的支持。比如，按照“稳就业”要求，落实好提高创业担保贷款申请额度、加强创业担保贷款分类统计等政策，配合出台《关于做好当前形势下高校毕业生就业创业工作的通知》（人社部发〔2019〕72 号）等文件，支持退役军人、高校毕业生、农民工等重点人群创业就业。2019 年 8 月，人民银行会同银保监会发布《关于支持商业银行发行创新创业金融债券的意见》（银办发〔2019〕161 号），鼓励商业银行发行双创金融债券增加双创领域信贷投放，发挥各类创新主体的创造潜能，支持经济结构调整和产业升级。引导金融机构落实差异化信贷政策，持续优化制造业、现代服务业金融服务，做好国家重大战略的金融服务，加强对重点领域和薄弱环节的金融支持。

五、“三农”政策迎来乡村振兴战略新时代

党中央、国务院高度重视“三农”工作，始终把解决好“三农”问题作为全党工作的重中之重。当前，我国正处在全面建成小康社会的决胜阶段，农业农村工作面临着巨大挑战，农业是四化同步的短腿，农村是全面建成小康社会的短板。2018 年以来，在深化农业供给侧结构性改革和实施乡村振兴战略的指引下，坚持农业农村优先发展，牢牢把握稳中求进总基调，以实现农业农村现代化为总目标，以实施乡村振兴战略为总抓手，对标全面建成小康社会“三农”工作必须完成的硬任务，适应新形势新任务新要求，立足全局抓重点，担当作为狠抓落实，围绕“巩固、增强、提升、畅通”深化农业供给侧结构性改革，加大脱贫攻坚力度，提升农业发展质量，稳定粮食生产，保障重要农产品供给，发展壮大乡村产业，促进农民持续增收，抓好农村人居环境整治，全面深化农村改革，加强文明乡风建设，健全乡村治理体系，充分发挥农村基层党组织战斗堡垒作用，推进“三农”事业持续健康发展。

（一）深化农业供给侧结构性改革

2018 年以来，持续深化农业供给侧结构性改革，补齐农业农村发展短板。以推进农业供给侧结构性改革为主线，坚持质量兴农、绿色兴农，建立健全制度体系，制定并印发《关于严格核定土地整治和高标准农田建设项目新增耕地的通知》（国土资发〔2018〕31 号）《省级政府耕地保护责任目标考核办法》（国办发〔2018〕2 号）《关于印发〈国家农民合作社示范社评定及监测办法〉的通知》（农经发〔2019〕5 号）《市场监管总局农业农村部　工业和信息化部　关于在加工流通环节开展非洲猪瘟病毒检测的公告》（2019 年第 17 号）等制度办法和政策文件，强化政策执行和监督。比如，种植业 2018 年以“减水稻、控玉米、扩大豆”为重点，2019 年着力守住国家粮食安全底线，确保粮食播种面积基本稳定，总产量稳定在 2018 年水平，注重创新驱动，注重产业升级，注重基础建设，持续推进种植结构调整和粮食生产提质增效。2019 年前三季度种植结构进一步优化，优质专用小麦比例达到 33%，比上年提高 3 个百分点；大豆、油菜籽、花生等油料作物面积增加，其中大豆面积增加 1000 万亩；棉花继续向新疆等西北内陆优势棉区集中，糖料生产保持稳定。

生猪生产呈现恢复态势，牛羊禽肉增加较快。党中央、国务院高度重视恢复生猪生产工作，国务院有关部门出台了 17 条针对性强、含金量高的政策措施，各地也都积极行动。政策效果逐步显现，2019 年 9 月，全国年出栏 5000 头以上的规模猪场生猪存栏环比增长 0.6%、能繁母猪存栏环比增长 3.7%，后备母猪销量继续大幅增长，猪饲料产量和销量都有回升。吉林、辽宁、山东等 12 个省生猪存栏环比增加或持平，生产恢复向好的因素明显增多，生猪生产整体上进入了止降回升的转折期。禽肉、牛肉、羊肉产量增加较快，2019 年前三季度分别达到 1539 万、458 万和 330 万吨，分别比上年同期增长 10.2%、3.2% 和 2.3%。

（二）乡村振兴战略实现良好开局

实施乡村振兴战略，是党的十九大作出的重大决策部署，是新时代“三农”工作的总抓手。这是继中央 2005 年提出“建设社会主义新农村”后又一个加快农业农村发展的新战略与新举措，开启了金融机构尤其是农村金融机构深化服务乡村发展的新时代。2018 年中央一号文件《中共中央　国务院关于实施乡村振兴战略的意见》（中发〔2018〕1 号）对实施乡村振兴战略作出了重大决策部署，并明确要求走中国特色的社会主义乡村振兴道路。2018 年 9 月，中共中央、国务院印发《乡村振兴战略规划（2018—2022 年）》，并要求各地区各部门结合实际认真贯彻落实。北京、浙江、山东等地区纷纷出台相应的实施乡村振兴战略规划、计划等，推动乡村振兴战略落地。人民银行、财政部、农业农村部等相关部委也制定出台了一系列配套政策举措。比如，《国务院关于促进乡村产业振兴的指导意见》（国发〔2019〕12 号）对乡村振兴的重要基础产业兴旺提出了一系列加强引导和扶持的重要措施，对乡村产业存在的门类不全、产业链条较短、要素活力不足、质量效益不高等问题对症施药，并要求各地区各部门结合实际认真贯彻落实，推动乡村振兴战略落地。乡村振兴战略的制度和政策体系逐步建立健全，为乡村振兴战略的稳步实施指明了方向和道路。

乡村新产业新业态亮点纷呈。农村一二三产业融合加快，乡村产业发展提质增效。农产品加工业平稳发展，2019 年前三季度农副食品加工业和食品制造业增加值分别同比增长 3% 和 5.6%。现代农业产业园、农业产业强镇和“一村一品”成为乡村产业振兴的重要抓手，在县一级层面主要抓现代农业产业园，累计创建114个国家级现代农业产业园，平均产值达到75亿元，带动各地创建1821个省级产业园和一大批市县级产业园。在乡镇一级主要抓农业产业强镇工作，已建成552个，培育了一批乡村特色产业；在村一级主要抓“一村一品”，累计认定9批共计2851个示范村镇，形成了“以村促企、以企带村”的良性互动格局。农村新产业新业态较快发展，美丽休闲乡村达到710个，成为节假日市民融入自然、放松心情的好去处。

农村改革稳步推进。通过深化机构改革，农业农村部完成了从传统产业部门向综合管理部门的转变、从单抓农业向抓好“三农”的转变，实现了“五个强化”。比如，2018年，中央农办、农业农村部等相关部门深入贯彻落实中央关于深化农村集体产权制度改革的部署要求，稳步扩大改革试点范围，典型示范效应不断提升，推动改革向纵深推进。在2015年和2016年两批试点的基础上，2018年部署安排了3个整省试点、50个整市试点、150个整县试点。11月，全国农村集体产权制度改革试点推进会议首次为安徽小岗股份经济合作社等10个农村集体经济组织颁发了登记证书，标志着我国农村集体经济组织有了合法统一的“身份证”。2019年9月，中央农办、农业农村部等11个部门和单位联合印发《关于开展农民合作社规范提升行动的若干意见》（中农发〔2019〕18号），按照“清理整顿一批、规范提升一批、发展壮大一批”的思路，开展“空壳社”专项清理，持续扩大农民合作社质量提升整县推进试点范围，推介了首批24家农民合作社发展的典型案例，组织社会力量支持农民合作社发展，进一步建立健全法律制度，强化政策扶持，加强指导服务，促进了农民合作社持续健康发展。

第二篇
经营管理篇

2018 年以来，农合机构认真贯彻落实国家服务乡村振兴战略和“支农支小”金融政策，以及各级政府金融工作部署，紧紧围绕“服务实体经济、防控金融风险、深化金融改革”三大任务，以深化供给侧结构性改革为主线，综合施策，强化提升金融支持“三农”能力。深入推进体制机制建设，不断推动农合机构改革创新发展，管理效率、市场竞争力和客户服务能力明显增强；全面加强风险防控体系建设，风险得到有效控制，资产质量和盈利能力显著提高，整体运行持续保持良好态势。

第三章　农合机构总体运行发展保持良好态势

2018 年以来，农合机构认真贯彻落实党中央、国务院和金融监管部门关于深化农合机构改革发展的要求，坚守服务“三农”宗旨和支农支小定位，回归服务实体经济本源，资金实力不断增强，服务范围逐步延伸，发展质量不断提高，产品和服务创新持续推进，成为名副其实的“支农支小”金融主力军，为“三农”和小微企业注入源源不断的发展动力，走出了一条可持续、特色化、差异化的金融支农支小之路。

一、服务实体经济能力持续提升

（一）农合机构法人数量占全国银行业金融机构近一半

随着农合机构的不断发展壮大，农合机构已经发展成为我国法人机构数量最多、网点布局最广的金融机构。尽管近年来部分农合机构在改制组建农商银行过程中进行合并重组，但是全国农合机构法人总数仍保持银行业金融机构首位。到 2019 年第三季度末，农合机构法人数量 2181 家，比 2018 年末减少 57 家，其中农信社从 812 家减少到 713 家，农合行从 30 家减少到 29 家，农商银行从 1397 家增长至 1439 家，农商银行法人数量占农合机构的比重提升至 65. 98%。

（二）农村基础金融服务覆盖面进一步扩大

2018 年以来，农合机构在稳固基础金融服务成果的前提下，进一步下沉网点，大力推进“基础金融不出村、综合金融不出镇”工作，聚焦普惠便民服务站（点）建设，打通农村金融服务“最后一公里”，实现农民“家门口”“零距离”办业务。通过持续推进智慧网点转型升级，大力发展便民点、自助服务机具、手机银行等，有效拓展金融服务覆盖面，同时通过强化宣传培训，提高电子机具使用频率，不断拓展农村金融服务覆盖的深度和广度。部分农合机构打造了特色鲜明的农村金融服务基础设施，如浙江农合机构的“丰收驿站”、福建农合机构的“普惠金融服务便民点”。到 2019 年第三季度末，农合机构约有营业网点 7.12 万个，简易便民服务和流动服务点 16.13 万个，布设 ATM、自助服务终端等 25.92 万台，金融服务的便利性、可得性、满意度显著提高。

（三）丰富偏远农村地区金融服务品种

2018 年以来，农合机构不断完善农村地区金融服务机具功能，丰富服务种类，不断加强存贷款、中间业务、理财业务、支付结算等各条线产品研发，为不同层级客户提供其所需的适当的产品。一是涉农信贷产品更加广泛。深度挖掘不同地区、不同产业、不同客户的融资需求，依托科技支撑，探索出一大批服水土、接地气的普惠金融信贷产品，基于大数据确定客户信用评分，依据信用评分确定授信额度，探索微贷技术，实现农户贷款批量化、标准化发放，促进农村地区的贷款降本增效。比如，福建农合机构推出“农 e 贷”产品，农户使用手机银行最快 3 分钟贷款即可到账。二是中间业务产品更加多样，从传统的汇兑结算、代收代付、工资代发等业务，拓展到电力、高速公路、烟草等行业资金代理业务，以及理财、保险、证券等财富管理业务。三是支付结算产品更加便民，切实将金融服务触角延伸至各民生领域，大力拓展新型移动支付渠道，推出 ApplePay、Hce 等云闪付业务、二维码扫码收单业务，并加强与支付宝、财付通等第三方支付机构合作。

（四）以金融科技拓展金融服务渠道

2018 年以来，部分农合机构运用大数据、云计算等金融科技，打破传统金融受制于物理网点的局限，打通物理网点、自助设备、网上银行、手机银行等服务渠道，推动线上线下的无缝对接。不断优化网点布局，对实体网点进行智能化、自助化改造，为农村地区提供自助便民柜员机等便捷高效的智能终端设备，改善用户体验，降低准入门槛，拓展生活场景的综合性金融服务，提高农村普惠金融覆盖面。大力发展手机银行，完善手机银行功能、提升手机银行与老百姓的“衣、食、住、行、医、教”等生活场景的深度融合。借助金融科技覆盖面广、推广传播快的优势，普及农村金融科技知识，有效延伸金融服务的地域和受众范围，加强农村居民金融意识和信用观念培养，提高农村居民对金融科技的认知度。

二、资本实力不断增强

2017 年 12 月 8 日，巴塞尔委员会发布了《巴塞尔Ⅲ：后危机改革的最终方案》，进一步明确了未来银行资本监管的国际规则，要求银行业不断完善资本约束机制，进一步增强商业银行经营的稳健性。2018 年以来，农合机构根据监管要求，持续推动建立以资本约束为核心的业务发展模式和资源配置方式，发挥经济资本对经营管理和绩效考核的刚性约束作用，构建资本占用和风险资产之间的平衡制约机制，健全资本预算机制，加强资本统筹管理，提高资本使用效率，不断增强资本管理能力和抗风险能力。

（一）资本充足率总体平稳

2018 年以来，农合机构通过补充资本、降低风险资产等举措积极提升资本充足率。2018 年末农合机构资本充足率算术平均为 12.08%，进入 2019 年，受不良贷款增加和风险资产结构调整等因素影响，资本充足率略有下降，至 2019 年第三季度末，资本充足率算术平均为 12.02%，仍保持良好的抵御风险能力。

全国各省、区、市农合机构资本充足状况差异较大，至 2019 年第三季度末，有 23 个省、市、区农合机构资本充足率超过监管 10.5% 的要求，资本充足率最高的省份可达 16.19%，有 16 个省、区、市农合机构资本充足率比上年末提高，但也有少数农合机构由于风险持续暴露，资本充足率较低。对比同业，2019 年 9 月末，农商银行资本充足率为 13.05%，高于城商行 0.54 个百分点，略低于大型商业银行和股份制银行。

（二）不断完善资本补充机制

2018 年以来，监管政策进一步鼓励拓展农合机构资本补充渠道，如银保监会、证监会发布《关于商业银行发行优先股补充一级资本的指导意见（修订）》（银保监发〔2019〕31 号），鼓励商业银行通过发行优先股补充资本。农合机构也积极探索构建与经营规模、风险控制相匹配的资本补充机制，打通资本补充与资本市场、债券市场的通道，充分考虑各种资本补充渠道的特点、成本、收益、时间等因素，有计划、前瞻性地安排和实施资本补充方案。一是增强内源性资本积累能力，在稳步推进传统业务的同时，积极优化财务结构、业务结构和盈利结构，提升中间业务的利润贡献度，推进盈利模式转型，通过不断提高盈利水平、控制成本支出等措施提高内源资本留存。二是拓宽资本外部补充渠道，稳步推动定向募股工作，积极引进战略投资者，在充实资本金的同时，引入先进的经营理念和管理方法。部分农合机构积极探索通过发行二级资本债、可转债等工具补充资本。比如，广州农商银行2018年3月发行100亿元二级资本债，2019年6月发行7150万境外优先股，募集资金98.39亿元，进一步增强了自身资本实力，提高了风险抵御能力。

部分农合机构探索在主板、香港联交所、新三板等资本市场上市，重庆农商银行、广州农商银行、张家港农商银行等农合机构开辟了港股、A股的上市渠道，新疆喀什农商银行、福建汇通农商银行、河北邢台农商银行和琼中农信社等农合机构在新三板挂牌，积极进军资本市场。随着自身的发展壮大，我国一些农合机构的经营管理能力、风险风控水平、资产盈利能力进入国内先进银行行列（见表2－3－1）。

表2－3－1　国内规模较大农商银行及上市农商银行发展情况

单位：亿元，%

机构名称	资产规模/同比变化	不良率/同比变化百分点	净利润同比增速	上市时间	上市地点
重庆农商银行	9506/4.95	1.29/0.31	1.73	2010.12	香港
北京农商银行	8813/7.94	0.36/－0.2	12.98	—	—
上海农商银行	8337/3.95	1.13/－0.17	7.96	—	—
广州农商银行	7632/3.74	1.27/－0.24	14.32	2017.6	香港
青岛农商银行	3176/3.72	1.68/－0.01	7.34	2019.3	深圳
紫金农商银行	1931/13	1.69/－0.15	10.2	2019.1	上海
常熟农商银行	1667/14.3	0.99/－0.15	17.53	2016.9	上海

续表

机构名称	资产规模/同比变化	不良率/同比变化百分点	净利润同比增速	上市时间	上市地点
九台农商银行	1642/－12.2	1.75/0.02	－27.8	2017.1	香港
无锡农商银行	1543/12.59	1.24/－0.14	10.11	2016.9	上海
吴江农商银行（苏农银行）	1167/22.6	1.31/－0.33	10.48	2016.11	上海
江阴农商银行	1148/4.9	2.15/－0.24	6.05	2016.9	深圳
张家港农商行	1135/10.0	1.47/－0.31	9.44	2017.1	深圳

数据来源：根据各行 2018 年年报数据整理。

（三）完善经济资本管理体系

2018 年以来，部分农合机构强化理性、稳健、审慎的资本约束理念，实施资本有偿占用和资本优化配置管理，逐步改变以单纯的规模扩张进行外延发展的经营模式，保持资本与风险资产的同步增长。完善资本风险管理，改进资本风险计量手段，建立健全资本压力测试机制，不断完善压力情景模拟与测试手段，确保具备充足的资本能力应对市场环境的变化。重庆农商银行、北京农商银行、上海农商银行等农合机构稳步推进新资本协议实施工作，扎实建设先进的风险量化体系。

建立以经济资本回报率为核心的绩效考核体系。2018 年以来，部分农合机构逐步引入经济资本管理指标体系，强化以经济增加值、风险调整后的资本回报率为核心的贡献能力考核指标的作用，以经济利润为核心深化经济资本考核，通过对经济资本的计量、分配和绩效考评，逐步实现按照产品线进行资本配置。强化资本约束意识，加大压降非生息资产和高资本消耗业务力度。注重发展低资本消耗的涉农、小微企业贷款和个人贷款，提高中间业务收入占比，推动结构调整和业务转型的资本集约化发展，助力经营转型和业务创新。

三、经营效益稳中有升

全国农合机构坚持服务“三农”宗旨，不断优化业务结构和资产配置，积极探索新的利润增长点，总体呈现经营效益稳步提升、收入结构持续优化态势。

（一）盈利水平较往年基本持平

营收规模稳步增长。2018 年以来，农合机构营业总收入稳步增长，但增速有所放缓，2019 年第三季度末，全年累计实现营业总收入 12398 亿元，同比增长 294 亿元，增幅 2.43%，增速下滑 5.69 个百分点。以江苏 6 家 A 股上市农商银行为例，江阴、张家港、紫金、常熟、苏农和无锡农商银行 2019 年前三季度分别实现营业收入 25.84 亿、28.07 亿、36.83 亿、47.87 亿、26.09 亿、25.65 亿元，同比增长 12.89%、30.08%、22.22%、11.86%、13.90%、7.33%。

利润稳中有升。受逾期 90 天以上贷款真实入账、加大拨备计提力度等因素影响，农合机构业务发展呈现增收不增利格局。2018 年，全国农合机构实现净利润 2725.03 亿元，较上年增长 22.59 亿元，增幅仅 0.84%，16 个省、区、市农合机构利润实现正增长，其中海南农合机构利润平均增长 118.75%（见图 2-3-1）。进入 2019 年，农合机构积极响应国家政策，对小微企业减费让利，盈利有所下降，2019 年前三季度实现净利润 2394.19 亿元，有 18 个省、区、市农合机构利润同比增幅为负。

（二）持续盈利能力面临较大压力

净息差保持较高水平。近年来，农合机构净息差处于下行区

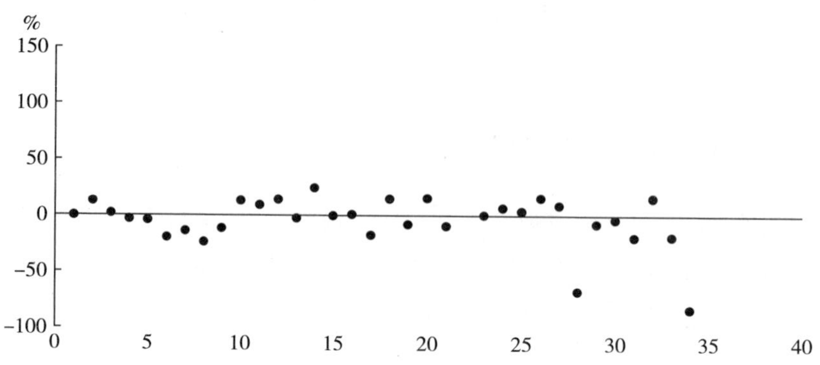

图 2-3-1　全国各地农合机构利润增速分布情况

（数据来源：中国银行业协会）

间，但与银行业相比仍保持较高水平，因为农合机构的重点服务对象为当地“三农”和小微企业，风险属性较大，对应的风险补偿也较高。银保监会数据显示，2018 年农商银行净息差 3.02%，在银行业中排第二位，比民营银行低 0.47 个百分点。2019 年第三季度，农商银行净息差降至 2.74%，比民营银行低 0.83 个百分点，但仍高于其他类型银行业金融机构（见图 2-3-2）。

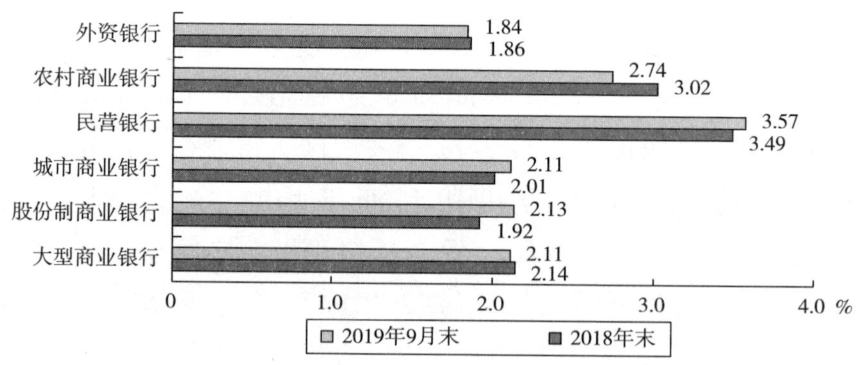

图 2-3-2　2018 年全国银行业净息差情况

（数据来源：中国银保监会官网）

利息净收入占比仍然较大。以6家A股上市农商银行为例，2018年除江阴农商银行外，其他5家农商银行利息净收入占营业净收入比重均在85%以上，其中无锡、张家港农商银行更是超过90%。从利息净收入增速看，2018年仅常熟、张家港农商银行利息净收入增速超过营业净收入增速，其中张家港农商银行高达28.02%，利息净收入贡献度进一步提高。进入2019年，6家上市农商银行仍主要依赖利息净收入，但利息净收入占营业净收入的比重有所下降，如第三季度末张家港农商银行这一比重下降至78.06%。

（三）资产利润率稳中略降

2018年以来，农合机构资产利润率呈现下降趋势，主要受经济下行压力较大、运营成本较高等因素影响。2018年末，农合机构资产利润率算术平均为0.79%，较上年末下降0.04个百分点。分地区看，25个省、区、市农合机构资产利润率高于监管标准，其中6个省、区、市农合机构资产利润率达1%以上，山西农合机构最高，达1.54%。到2019年9月末，农合机构资产利润率算术平均为0.74%，比2018年末下降0.05个百分点，12个省、区、市农合机构资产利润率同比增幅为负。与同业对比，2018年末，农商银行资产利润率0.84%，较上年下降0.06个百分点，与股份制商业银行持平，比城商行高0.1个百分点，到2019年第三季度末，农商银行资产利润率上升至0.92%（见图2－3－3）。

四、资产质量缓步提升

农合机构继续增强风险管控能力，强化对潜在信用风险的识别能力，提前控制和化解信用风险，资产质量总体平稳。

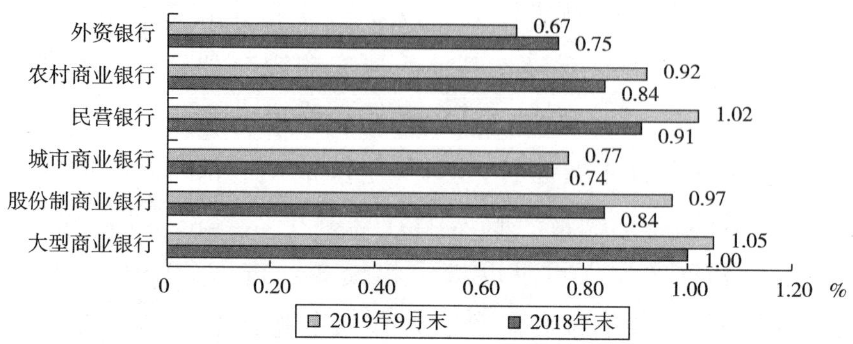

图 2-3-3 2018 年全国银行业资产利润率情况

（数据来源：中国银保监会官网）

（一）资产质量反映更加真实

合规真实反映不良贷款数据不仅是推进农合机构高质量发展的需要，更是农合机构提高经营管理水平、提升机构品牌形象的需要。农合机构严格落实监管部门关于做实贷款风险分类要求，将正常类贷款中逾期 90 天以上的贷款全部计入不良贷款。2018 年末，整体逾贷比（即逾期 90 天以上贷款与不良贷款比例）降至 100% 以下。进入 2019 年，农合机构不断巩固逾期贷款入账工作成果，并推动逾期 60 天以上贷款全部纳入不良考核，贷款质量反映更加全面真实，经营更加稳健。

（二）不良贷款保持可控

农合机构整体面临的不良贷款阶段性上升压力，不良贷款余额和不良率增加明显，这主要是因为经济下行压力加大、不良认定趋严。2018 年末，农合机构不良贷款余额 8194. 39 亿元，较上年同期增加 1990. 52 亿元；不良贷款率 4. 99%，较上年同期上升 0. 72 个百分点。进入 2019 年，农合机构多措并举、持续加大风险处置力度，第三季度末，农合机构不良贷款率下降 0.06 个百分点至 4.93%。

分地区看，全国农合机构不良贷款情况地区分化明显。2018 年末，全国有 15 个省、区、市农合机构不良贷款率较上年同期下降，贷款质量有所改善，其中 12 个省、区、市农合机构实现不良贷款余额和不良贷款率“双降”，四川农合机构不良贷款率降幅最大，较上年同期下降 2.29 个百分点；北京、上海、浙江、重庆、深圳和福建 6 个省、区、市农合机构不良贷款率连续 2 年均控制在 2% 以内；13 个省、区、市农合机构不良贷款率在 2% ~5%。进入 2019 年，各地区资产质量分化仍然较为严重，到第三季度末，有 18 个省、区、市农合机构不良贷款率下降，最高的比年初下降了 1.65 个百分点，其余省、区、市农合机构不良贷款率有所上升，个别省份不良贷款防控压力较大。

（三）风险抵补能力维持稳定

拨备覆盖率小幅下降。受逾期 90 天以上贷款全部入账影响，农合机构拨备计提压力上升。2018 年末，农合机构拨备覆盖率 110.7%，比上年末下降 18.53 个百分点。其中，12 个省、区、市农合机构拨备覆盖率较上年末上升；14 个省、区、市农合机构拨备覆盖率高于监管 150% 的要求（见表 2 -3 -2），其中北京农商银行最高，达 1069.48%。从农合机构在全国经济区域分布情况看，仅东部地区农合机构平均拨备覆盖率高于监管 150% 的要求。进入 2019 年，农合机构整体风险抵补能力有所上升，第三季度末拨备覆盖率 111.92%，比年初上升 0.95 个百分点，但部分地区农合机构风险持续暴露，拨备覆盖率高于监管 150% 要求的省、区、市农合机构比年初减少 2 个。

表 2-3-2　　2018 年农合机构拨备覆盖率分布情况

拨备覆盖率范围	省、区、市机构数量	
	2018 年末	2019 年第三季度末
120% 以下	14	13
120% ~150%	5	5
150% ~300%	9	10
300% 以上	5	5

数据来源：中国银行业协会（天津滨海、陕西秦农、深圳农商银行等）。

（四）风险处置力度加大

农合机构坚决贯彻落实党的十九大以及第五次全国金融工作会议精神，坚决把防范和化解金融风险放在更重要的位置，持续加大风险处置力度，多措并举化解不良防控压力，提升不良处置成效。

加大表内贷款风险化解。一是加大不良追责力度。落实不良贷款责任认定，分析成因、厘清责任，明确处置时限和责任人，以责任追究推动清收处置工作。二是拓宽不良清收方式。把现金清收化解不良贷款作为第一手段，并注重拓宽清收思路，综合运用贷款重组、司法诉讼、核销剥离、信贷资产转让等方式降低不良贷款。三是加大客户违约成本。联合政府司法部门和其他金融机构，加大对失信客户的信息披露，对失信客户进行严厉惩罚。四是开展专项清收攻坚。持续完善不良清收奖惩办法，细化措施，狠抓落实，并突出大额不良贷款清收处置，推动清非工作有效落实。

加强表外资产清收。加强表外资产清收，是防范系统性和区域性风险、提升农合机构经营效益的重要举措。农合机构通过建立表外不良贷款清收奖励转型机制，调动清收积极性，采取压实责任、推进专业清收队伍建设、加强债权维护等措施，灵活采用经济、行政、司法、打包处置、以物抵债、资产置换、分期付款等方式，加快表外不良资产清收。

第四章　体制机制建设日趋完善

2018 年以来，农合机构不断深化党的建设，推进产权制度改革，完善公司治理，优化经营管理机制，健全人才体系，全面提升管理效率、市场竞争力和客户服务能力，谋求创新发展。

一、农合机构改革稳步推进

（一）省联社改革正再度起航

党中央、国务院高度重视深化省联社改革。2016—2018 年，连续三个中央一号文件先后提出“开展省联社改革试点”“抓紧研究制订省联社改革方案”“推动农村信用社省联社改革，保持农村信用社县域法人地位和数量总体稳定”。2019 年 2 月，人民银行、银保监会、证监会、财政部、农业农村部联合发布《关于金融服务乡村振兴的指导意见》（银发〔2019〕11 号），要求“淡化农村信用社省联社在人事、财务、业务等方面的行政管理职能，突出专业化服务功能”，对于行政管理职能从“淡出”改为“淡化”，并强调“突出专业化服务功能”，体现顶层设计对省联社改革的思考。《中国金融稳定报告 2019》进一步提出要“深化省联社改革，提升服务水平，坚持市场化、法治化、企业化改革方向，科学界定服务功能和业务范围，合理优化职责边界。无论采取何种省联社改革模式，省级人民政府都要建立服务县域经济、小法人分类治理、机构风险处置、行业服务以及监督约束等机制，并明确承担部门和责任。”

为贯彻落实中央有关精神，完善农村金融体系，理顺省联社与法人农合机构管理体制，条件较好的省份应该先行先试深化省联社改革。目前，尽管各方基于自身立场提出了金融控股模式、金融服务公司、统一法人等多种省联社改革方案，但是也形成了一系列基本共识，包括坚持党的领导，确保农村金融发展的正确方向；坚持行业管理，确保省政府管理职责落到实处；坚持稳定县域，确保基层农合机构“四自”市场主体地位不变；坚持服务“三农”，确保经营宗旨和市场定位不偏离；坚持市场机制，确保改革相关方利益得到合理兼顾。

（二）农合机构改制加快推进

各省、区、市农合机构全面贯彻落实党中央、国务院部署，按照监管部门要求，立足实际，坚持稳中求进总基调，积极稳妥推进农信社、农合行改制为农商银行工作，成熟一家、改制一家，既没有停滞不前，也不急于求成。自 2011 年起，农商银行进入快速发展阶段，每年平均新增 100 家以上，农信社和农合行则同步减少。到 2019 年 6 月末，农商银行从 1397 家增长至 1423 家，农商银行法人数量占农合机构的比重提升至 63.67%。

近年来，监管部门对农信社、农合行改制为农商银行工作的质量把控越来越严格。《关于深化农村信用社改革健全治理机制有关事项的通知》（银监办发〔2018〕7 号）要求，以服务实体经济和改善农村金融服务水平为出发点和落脚点，通过深化改革把农信社打造成产权关系明晰、股权结构合理，治理机制健全、内控制度完善、专注支农支小主业、经营特色明显、具备市场竞争力、有效服务乡村振兴战略的良好农村金融市场主体。各地农合机构积极总结改制经验，可以归纳为坚持党的领导与完善法人治理相统一、坚持服务“三农”与推动转型发展相统一、坚持行业统一管理与明晰产权关系相统一、坚持政府引导和市场运作相统一。部分农合机构探索出以改制推动化险的创新路径，如山西农合机构，通过完善工作机制、地方政府加强组织统筹，以及加大财政支持力度、不良贷款清收力度、帮助引入战略投资者等措施，推动改制化险。

二、系统党的建设全面深化

2018 年以来，农合机构牢固树立政治意识、大局意识、核心意识、看齐意识“四个意识”，始终坚持党总揽全局、协调各方的领导核心。农合机构积极贯彻执行“四个全面”战略部署，坚持以“五大发展理念”为引领，以促发展、建和谐为主线，推进党的组织建设、制度建设、思想建设、队伍建设和党风廉政建设，建设一支政治过硬、结构合理、素质优良的党员队伍，营造风清气正的发展环境，为自身稳健发展提供思想、政治和组织保证。

（一）充分发挥党组织的政治核心和领导核心作用

农合机构始终坚持党的领导、加强党的建设，把党中央的决策意图落实到日常经营管理计划和发展责任中。2018 年以来，农合机构将党建工作的总体要求写入公司章程，推行“双向进入、交叉任职”的领导体制，全面落实“三重一大”事项的党委会前置程序，明确党组织在法人治理结构中的法定地位，坚持党对农村金融工作的集中统一领导，确保党的路线、方针、政策得到全面有效地贯彻执行，切实发挥党组织在经营发展过程中的把关定向、动员组织、服务群众、促进和谐的重要作用，规范决策行为，提高决策水平。在改革发展中，完善党的建设体制对接、机制对接、制度对接和工作对接，部分省份农合系统实行党的组织垂直领导、统一管理，进一步加强党建工作。党委主体责任和纪委监督责任得到有效落实。通过发挥党组织的核心和战斗堡垒作用，不断将政治优势转化为发展优势，推动干部队伍素质整体提升，促进农合系统核心竞争力持续增强。

（二）夯实党建工作基础

农合机构全面推进“不忘初心、牢记使命”主题教育，贯彻“守初心、担使命、找差距、抓落实”的总要求，强化理论武装、深入调查研究、勇于自我革命、边学边查边改，努力达到理论学习有收获、思想政治受洗礼、干事创业敢担当、为民服务解难题、清正廉洁作表率的目标。在改革发展中，农合机构坚持党的建设同步谋划、党的组织及工作机构同步设置、党组织负责人及党务工作人员同步配备、党的工作同步开展。健全党组织发挥作用的运行机制，完善党委参与重大问题决策程序，落实基层党组织按期换届选举制度，选好配强党支部书记，严格管理党内组织生活，健全党员党性定期分析、民主评议和“三会一课”等制度，形成用制度管人、按制度办事的良好机制。研究确定适合农合机构实际的基层党组织架构设置，加强对各基层党组织的分类指导和监督检查，健全夯实党建基础。

（三）加强党风廉政建设和反腐败斗争

农合机构深入贯彻落实党风廉政建设责任制、党委主体责任和纪委监督责任，严明党的纪律，持续深入改进作风，持之以恒落实中央八项规定精神，强化党内监督，严肃执纪问责，把纪律和规矩挺在前面，强化“不敢腐”氛围。进一步完善反腐倡廉制度，建立健全权力运行制约和监督体系，加强惩治和预防腐败体系建设，不断将党风廉政建设和反腐败工作引向深入。

三、农合机构法人治理逐步健全

原银保监会将 2018 年确定为农商银行“强化公司治理年”。农合机构根据相关要求，认真组织开展公司治理自查评估工作，对发现的问题进行深入分析并认真整改，不断提升法人治理能力，为实现可持续发展提供了有力的保障。

（一）认真组织自查整改

农合机构根据监管要求，制定“强化公司治理年”具体实施方案，全面、细致、认真地开展自查与问题整改工作。一是强化组织实施领导。大部分农合机构组建了“强化公司治理年”领导小组，统一领导，强力推进，确保高质量完成自查整改工作。二是深入分析研究问题根源。针对自查中发现的问题，认真研究、客观评估，深入查找形成问题的原因，研究解决方案，确保整改工作及时、全面、彻底。三是及时制订整改计划。在聚焦问题、认真分析的基础上，制订整改计划，明确整改目标、责任部门、责任人、完成期限，有针对性地提出整改措施，确保整改问题全覆盖、责任主体化、完成有时限。对未能及时完成整改的问题明确推进举措，切实做到整改无遗漏、工作见成效、水平有提升。

（二）夯实公司治理制度基础

农合机构结合自查问题整改要求，针对公司治理自查中发现的问题，以整改工作为契机，明确了以制度建设为抓手、提成效、夯基础的改进目标，认真组织落实整改规划。配备专业力量，通过组建专业团队保效率、保专业、保质量。有序组织推进，通过明确对标体系、优选参照对象、开展专题研究、广泛征求意见、严格专业法审等程序，确保制度建设有成效、高质量、高水平。按照全面满足监管要求、紧密结合公司治理实际、有效保障经营发展的原则，农合机构不断完善公司章程、董监事考核评价、治理主体议事规则、信息披露、关联交易、对外股权投资管理等方面制度，通过补短板、填缺项，基本实现了公司治理领域的高标准全覆盖。

（三）深化公司治理体系建设

农合机构通过完善公司治理，促进各治理主体独立运作、有效制衡、相互合作、协调运转。一是明确党组织在法人治理结构中的法定地位。把加强党的领导和完善公司治理有机结合起来，明确党组织在决策、执行、监督各环节的权责和工作方式以及与其他治理主体的关系，实现党组织发挥领导核心作用和政治核心作用的组织化、制度化、具体化。二是完善公司治理的决策机制。清晰界定党委会、股东大会、董事会、监事会和高管层的职责边界，做到各负其责、相互制衡、有机协调。完善股东大会、董事会、监事会、高管层的议事制度和决策程序，提升董事会战略决策能力和监事会监督水平。强化董事会各专业委员会职能，提高各专业委员会的辅助决策能力和运行效率，切实发挥董事会及各专业委员会在战略把控、业务发展、经营管理、风险管控等方面的决策引领作用。加强董事会、监事会及各专业委员会与高管层及相关部门的信息沟通，促进董事会、监事会和经营层履职能力有效提升。

（四）加强股东股权管理

农合机构认真贯彻执行《商业银行股权管理办法》（银监会 2018 年第 1 号令）《商业银行股权托管办法》（银保监会 2019 年

第 2 号令）《中国银保监会办公厅关于做好〈商业银行股权托管办法〉实施相关工作的通知》（银保监办发〔2019〕156 号）等政策要求，切实落实相关要求，有针对性地加强股东股权管理。一是强化股东信息管理。按照监管要求，认真组织主要股东填报其控股股东、实际控制人、关联方、一致行动人、最终受益人等信息，有序开展主要股东的资质审查和管理工作。二是积极推进股权托管。制订股权托管实施方案，积极协调各方研究托管事宜，稳妥推进托管工作。三是加强信息系统建设。部分农合机构上线运行股份登记管理系统，实现业务档案电子化管理，为建立全面准确的股东信息数据库、加强股份业务数据全流程系统管理提供强大的技术支持。四是持续加强股东资格审核。严格按照监管要求，深入了解拟入股法人及其一致行动关系人情况，重点关注其控股股东、实际控制人、关联方等情况，确保股东资质合规。

四、经营管理机制持续完善

2018 年以来，农合机构以确保可持续发展为目标导向，持续健全经营管理机制，优化配置管理资源，完善业务管理体系，为经营转型注入新动力，为结构调整提供新支撑，为全面发展开拓展新空间。

（一）规范行政流程

农合机构探索理顺决策、执行、保障、监督等一体化行政运行机制，实现决策、执行和操作按制度办事，努力构建起上下级机构之间、同级部门之间以及内外部的上级部门、监管机构、股东、客户和其他机构之间的制度化、模式化和标准化的行政运行框架，保障总行和上级部门工作部署得到有效贯彻落实，实现行政运行与业务运行有机嵌合，确保工作细致周密、顺畅高效。

（二）加强营运管理

部分农合机构打造管理架构合理、制度建设完备、业务处理顺畅、监督保障有力、风险控制到位的营运管理体系。一是有效分离前中后台。构建前台规范高效、中台操作后移、后台集约处理的业务流程。合理划分前后台处理的业务范围，推动业务管理重点从职能向流程的转变。实施基于影像处理的前后台业务分离、实现网点全面受理、后台集约处理、业务全程监督、自动缩微归档功能的一体化营运模式。二是实现业务营运集中管理。精简管理层级，推行后台业务和风控集中化管理。比如，北京农商银行构建“大后台”账务处理中心，将传统业务中具备前后台分离条件的同城票据交换、电子汇划、批量业务、资金归口清算等业务，按照“处理自动化、分工专业化、作业流水化、管理精细化”原则进行后台作业集中处理。

（三）健全业务流程

农合机构不断完善“权、责、利”相结合的授权经营管理机制，建立科学规范、合理适度的授权管理体系，并根据经济金融形势、政策导向以及经营管理实际，适时动态调整权限。各级机构负责人在授权范围内统配资源，承担责任，组织生产、经营和运行。部分农合机构按照业务条线垂直化管理要求，探索建立从服务内部客户到服务外部客户的服务流程体系和责任清晰、以业绩为核心的绩效考核体系。

（四）完善会计工作

农合机构根据新企业会计准则的工作要求，对现有系统中的会计科目、核算标准、操作规程进行系统性修订，将新会计准则根植于核算过程。加强会计制度建设，完善制度制定、评估、培训、检查机制，提高制度执行力。严格会计人员的任用标准，加强会计管理人员的履职能力。建立科学的会计工作评价体系，全面提高基础会计人员职业素质，形成年龄结构合理、学历结构合理、专业结构合理，储备人员充足，集管理、发展与约束为一体的会计人员发展机制。

（五）构建高效信息管理体系

农合机构持续健全统一高效的信息管理系统，充分利用数据和信息技术进行业务集中和流程优化，实现对全部客户、账户、交易等信息的集约化管理，着力提升决策、创新、营销、差异化服务、风险控制等的科学性和精准性，提高管理效率。部分农合机构探索建立以业务、客户、产品利润贡献度为核心的营销管理考核系统，建立直观、透明、统一的产品转移和激励价格体系，准确评价机构、员工和客户的利润贡献度，充分发挥考核机制对利润增长的积极作用。

五、人才队伍建设不断优化

农合机构始终把人才作为支撑可持续发展的第一资源，秉持“以人为本”的理念，全面推进人力资源的整体优化，塑造一支有凝聚力、战斗力、执行力，适合农合机构发展需要的员工队伍，为改革发展提供强有力的人才保障。

（一）坚持党管干部原则

充分发挥党委在选人用人工作中的领导和把关作用，严格按照党的原则选拔任用干部，统筹推进领导班子和管理人员队伍建设、后备人才和青年人才队伍建设，大力选拔政治强、懂专业、善治理、敢担当、作风正的管理人员，加快建立一支素质优良、专业突出、结构合理、数量充足、作风扎实的人才队伍。强化党委在管理人员教育培养、管理监督中的责任，完善和优化党的工作机构设置，坚持严格要求、严格教育、严格管理、严格监督，为可持续发展提供坚强组织保证。

（二）构建人才制度体系

通过招聘、培训、任用、考核、激励等手段调动员工积极性并发挥其潜能，为经营发展创造价值。优化管理人员选拔任用晋升机制，坚持不惟学历、不惟年龄原则，推动选人用人机制向注重能力、业绩转变。评估和优化专业人才发展体系，完善专业人才评价等机制，制定专业人才资质标准、人才评价标准和考评机制，优化员工职业生涯发展路径。

（三）建立人才发展梯队

实施分级培养管理机制，根据人才稀缺性和岗位重要性培养不同层次、不同水平的管理人才和专业人才，做好人才储备。兼顾知识和年龄结构定期进行人才库更新，确保人才库动态发展，形成专业人才队伍梯队，实现人才的及时补位。逐步建立高层次、复合型、专业化的人才队伍，为转型发展提供强有力的人才保障。完善员工在职培训，优化员工年龄、学历和专业结构，建立适合农合机构发展需要的职业经理队伍、专业技术队伍和操作服务队伍。

（四）健全激励约束机制

构建市场化、业绩导向型的考核评价体系、薪酬分配制度，实现人力资源的合理调配，发挥人力资源对业务发展和利润提升的积极作用。建立集劳动合同约束、法律约束、责任约束、制度约束和绩效约束为一体的约束机制和淘汰机制，优化人才队伍，形成激励有效、约束有力的激励约束机制，充分调动员工的积极性和创造性。

（五）完善人员管理系统

实现人力资源的数据化管理，引入定量分析手段，探索建立人力资本的计量和评价框架，着力优化管理人员选拔任用和后评价机制，提高人力资本管理效能。强化岗位管理，科学评价各岗位的内在价值，为岗位设置、岗位职责调整和人员配置提供依据。

第五章　风险防控体系建设全面加强

自2003年深化农村信用社改革试点工作以来，原银监会出台了一系列风险治理规章及规范性文件，推动农合机构风险管理能力得到持续提升。比如，2010年发布《农村中小金融机构风险管理机制建设指引》及实施方案，2016年发布《银行业金融机构全面风险管理指引》，都对农合机构提升全面风险管理水平，实现稳健发展起到了积极作用。通过积极落实监管要求和完善自身发展机制，农合机构逐步构建起全面风险管理的治理机制、风险管控的组织体系和制度体系，采用先进风险计量工具并构建相关管理系统，在风险偏好和风险限额管理等方面也做出了积极探索，持续强化全员风险防控意识，逐步建立起风险管理的长效机制。

一、监管治理稳步推进

（一）以回归本源为落脚点，夯实风险内控管理基石

2019年1月，银保监会发布《关于推进农村商业银行坚守定位　强化治理　提升金融服务能力的意见》（银保监发〔2019〕5号），要求农商银行准确把握自身在银行体系中的差异化定位，确立与所在地域经济总量和产业特点相适应的发展方向、战略定位和经营重点，完善适合小法人和支农支小的公司治理机制，专注服务本地、服务县域、服务社区、服务“三农”和小微企业，

不断加大金融服务创新、切实做好融资成本管理，巩固支农支小主力军的优势地位。

农合机构积极落实监管要求，回归金融服务实体经济本源，把握自身特色优势，不断强化服务“三农”的战略定力，夯实发展和风险防控基础；回归去疴治本，把风险防控化解摆在第一位，按照“小额、流动、分散”和“科学、理性、稳健、审慎”的原则，处理好“四种关系”、坚持“三做三不做”，即处理好速度求稳与质量求进、整体谋划与重点突破、保持定力与增进动力、风险与收益的关系，坚持做小不做大、做实不做虚、做土不做洋。

（二）以专项治理为切入点，建立风险管理长效机制

严格落实银监会关于集中开展银行业市场乱象整治、公司治理与股东股权专项排查等系列专项治理政策要求，充分认识系列专项治理的重要性，认真按照工作要点扎实推进各项专项治理工作，顺利完成自查、抽查、配合监管检查、整改、问责等各阶段任务。同时，从着眼于建立风险内控管理的长效机制入手，结合专项治理，发现、查找风险内控漏洞，对问题产生的原因进行深层次解剖，查找问题根源，制定有针对性的整改措施，及时堵塞漏洞，切实有效完善风险管控制度体系，实现规范、合规、健康发展。

（三）深入推进反洗钱法人监管工作

农合机构持续贯彻反洗钱风险管理长效机制。一是进一步完善反洗钱管理组织架构，建立起符合“风险为本、法人负责”的原则、与风险水平相适应的反洗钱体系。二是细化制度体系。在反洗钱内部控制制度总体框架下，全面细化各分项制度，建立起

全面、完整的内控制度体系。三是扎实推进有关工作。持续履行客户身份识别、大额交易和可疑交易报告、客户洗钱风险评级等反洗钱三大义务。在进行交易对手尽职调查时，严格遵守反洗钱和反恐融资法律法规，严格执行联合国安理会的有关决议，对涉及敏感国家或地区的业务及交易保持高度警惕，及时查询包括联合国制裁决议在内的与本机构经营相关的国际事件信息，建立和完善相应的管理信息系统，及时录入、更新有关制裁名单和可疑交易客户等信息。四是不断强化针对反洗钱政策咨询和洗钱风险评估、涉嫌犯罪的重点可疑交易、可疑交易案例的分析排查。

二、风控体系逐步健全

农合机构按照全覆盖、独立性、有效性的原则，建立与业务规模及其复杂程度相适应的全面风险管理体系。通过构建并完善风险管控组织架构、风险管理制度体系、风险管控技术手段，不断提升风险识别、计量、监测和控制水平，实现由信用风险防范为主的单一风险管理模式向信用风险、市场风险、操作风险、流动性风险、声誉风险等全面风险管理模式转变，促进机构走向合规经营、稳健发展的道路。

（一）搭建全面风险管理组织架构

农合机构以“三个中心、三道防线”为核心，逐步建立起职能清晰、运行有效的全面风险管理组织架构，实现各类风险的前、中、后台分离管理。在风险管理组织体系建立过程中，形成了以董（理）事会及其风险管理委员会等专业委员会为决策中心、以高级管理层为执行中心、以监事会及稽核审计部为监督中心的风险管理架构体系。其中，董（理）事会作为最高决策机构，下设风险管理委员会，负责风险管理方面的重大决策。高级管理层在董（理）事会授权下组织开展各类风险管理活动，承担全面风险管理的实施责任，执行董（理）事会的决议。监事会要对风险管理、内部控制等进行独立的监督、评价，承担全面风险管理的监督责任，负责监督检查董事会和高级管理层在风险管理方面的履职尽责情况并督促整改。

业务部门、风险合规管理部门、审计监督部门按照前中后台分离、岗位制约原则，组成全面风险管理“三道防线”，形成前台经营、中台风控、后台审计监督协调运行的风险管理机制，各职能部门之间、各级机构之间、各业务条线和各业务岗位之间的监督、约束和制衡更加有效。其中，业务条线承担风险管理的直接责任，负责本条线内控建设、风险管理与执行落实；风险合规管理条线承担制定政策和流程，监测和管理风险的责任；审计监督部门履行内控监督职能，对机构内部控制、风险管理的充分性和有效性进行审计，及时报告审计发现的问题，并监督整改。

（二）完善风险管理制度体系

2018 年以来，农合机构逐步建立并完善风险管理制度，内容覆盖各类风险的识别、计量、评估、监测等领域，并同步完善各类风险管理的政策和程序，风险管理基础更加坚固。

搭建全面风险管理制度框架和各类专业风险管理政策。开展风险管理基本制度的构建完善，规划全面风险管理建设目标，制定风险管理政策，规范、指导各项风险管理工作。一是在董事会层面出台全面风险管理政策、市场风险管理政策、声誉风险管理政策、业务连续性以及信息披露管理办法。二是在经营层面制定风险容忍度、流动性风险、市场风险、合规风险、信息科技风险、全面风险评估等制度。三是在执行层面执行资本管理实施细则、声誉风险管理实施细则、资产负债结构目标管理实施细则以及风险压力测试系统操作规程等。

建立健全风险偏好和风险限额机制。按年制定出台年度风险偏好管控文件，加强风险监测与报告，探索评估方法，从纵向趋势分析、横向同业对比等维度全面评估风险偏好执行效果，深化偏好对业务的引领作用，服务于经营战略目标。同时，健全风险偏好传导机制，通过制定年度风险管理政策与程序、在重点业务领域实施风险量控管理等方式，将风险偏好指标向专业风险领域和业务领域传导，偏好策略得以实施并确保目标实现。

（三）建设风险管控系统

根据监管要求和机构发展需要，农合机构不断建设和完善风险管理系统，组织系统开发，不断提升风险管理信息化水平。

开发全面风险管理系统。搭建全面风险管理系统，使之成为实施风险管理的智能化综合支撑平台，成为符合全面风险管理范围、全程风险管理过程、全新风险管理方法、全额风险计量、全员风险管理文化等全面风险管理要求的信息集中处理平台，涵盖信用风险、市场风险等各类风险，涵盖风险识别、计量、监测、控制等风险管理各环节。

推进其他风险管理系统建设。一是推进风险加权资产计量系统（RWA）项目建设，实现风险总量、资本充足情况的系统化、精细化计量与监测，实现多维度、全方位展示各分支机构、各类业务的资本及风险加权资本占用及分布情况，为风险限额的实施和经济资本的考核奠定基础。二是推进信贷管理系统重点项目实施，提升系统优化功能，推动数据运用于经营决策。三是持续推进市场风险系统建设，及时准确展示市场风险头寸和风险运行状况，为开展前瞻性分析、监控、管理与计量提供有力支撑，不断助推市场风险信息自动化。四是实现关键风险监测数据和损失数据的收集、存储和基础分析。通过识别评估流程化、事项报告和管理报告模块内嵌，满足自身操作风险管理报告需求。五是初步搭建起资产负债管理系统并上线运行，银行账簿利率风险数据治理进一步完善，为风险管理监测和分析奠定数据基础。

三、风险管理机制不断完善

农合机构深入推进风险管控精细化管理，把制度建设与业务流程改造、技术手段创新、管理工具开发等紧密结合起来，不断提高风险管理的系统性和可操作性。

（一）建立以经济资本为基础的内在约束机制

强化经济资本约束，将资本约束作为业务发展导向，控制风险承担总量和经营风险的选择方向，实现对加权风险资产规模、期限、结构的有效控制。积极探索风险调整后的资本收益率（RAROC）或经济附加值（EVA）考核及业务风险试算，引导、支撑农合机构经济资本配置、考核等工作开展。转变资产负债管理模式，积极探索开展轻资产、轻资本业务，节约、集约使用资本。研究探索资产证券化和结构金融，盘活存量资产，提升流动性，释放资本空间，促进轻型化发展。积极探索溢价募股、发行二级资本债等多种资本补充方式，扩大资本补充渠道和来源，保持合理、充足的资本水平和拨备水平，优化资产负债结构，提升风险化解能力。

（二）建立风险管理考核机制

农合机构将风险管理、内部控制纳入绩效考核之中，突出风险管理的重要性，并不断提高风险管理在绩效考核指标体系中的占比，合规经营类指标和风险管理类指标权重明显高于其他类指标。同时，部分农合机构还探索建立将风险承担机制和薪酬激励机制结合的薪酬绩效体系，有效平衡风险与收益的关系。比如，清徐农商银行探索建立全员参与、具有自身特色的风险文化和“风险—收益”平衡的薪酬绩效体系。风险承担机制方面，建立了吹哨人制度，推行合规举报机制，让员工在不担心受到报复的情况下，对产品或业务操作中存在的合规问题进行反映。同时，建立了责任追究和违规积分制度，将合规经营内化为员工的行为指引。薪酬绩效方面，建立了薪酬延期支付制度，将薪酬延期支付与风险暴露相一致，并细化绩效薪酬延期追索、扣回等规定，实现绩效薪酬“风险—收益”的动态平衡。

（三）建立风险预警预控机制

充分运用计算机网络技术和数据分析技术，建立风险预警预控机制，实现对风险的早发现、早预防、早化解。

一是建立严密的风险识别预警系统。运用大数据思维，依托科学、全面的预警规则体系及内外部有效数据，为风险预警提供准确的早期信息。比如，浙江省联社建立了客户风险识别预警系统，涵盖资金流向异常、异常交易行为、结算账户预警等类别的200多个风险项，实现对风险客户的有效识别，构筑风险筛查网，助力信贷风险高效、精准的识别和预警。

二是强化机构指标预警。构建监管指标预警体系，按法定值、触发值和目标值进行分层监测，并对突破设置阀值的监管指标，及时发出预警，提示关注经营管理中的风险点，提升机构管理精细化水平。比如，浙江省联社与原浙江省银监局合作开发了浙江银监SMART系统，加强了辖内农合机构资本状况、信用风险、盈利状况、流动性风险、市场定位、资金和理财业务、经营风险等主要监管指标数据的查询、分析与风险监测、预警，改变了非现场监管和业务管理中“指标多、监测手段少，系统多、整合分析少，报表多、风险预警少”的状态，提升了经营业务和监管指标的监测和预警能力，实现风险监测、预警便捷化和智能化。

三是强化风险管理第一道防线的作用。在产品或业务的设计、开发阶段嵌入风险管理，提前预判、预警各类风险，从源头上控制风险，将产品或业务风险降到最低。比如，湄潭农商银行配合人民银行贵阳中心支行开发农权抵押贷款信息系统，采取区块链的模式，将农村产权资源信息、融资担保信息有机整合，实现金融机构线上提交“两权”抵押登记申请、产权管理部门线上审查审批、金融机构线上放款的“一站式”贷款办理模式，有效降低了抵押登记过程中容易出现的重复抵押、外部欺诈、伪造权证骗取贷款等风险，提高助农贷款风险防控。

四、风险防范意识持续增强

2018 年以来，农合机构通过构建制度、机制、系统和加强人才队伍建设，不断提升风险管理整体专业能力和整体合力，并持续加强员工培训和警示教育，有力提升整体风险防范意识、风险预警和把控能力。

（一）倡导和强化全员风险意识

2018 年以来，农合机构通过开展形式多样的活动，着力引导全体员工树立对风险管理的认同感，使风险意识突破传统的部门界限真正融入每个部门、每位员工的行为规范和工作习惯之中。

一是开展合规文化建设。开展信贷文化建设、合规文化年、合规管理年等活动，通过多形式、有计划、有步骤地开展合规文化建设，贯彻“风控优先”“合规优先”理念，使风险意识成为每个员工的自觉行为，宣传和弘扬优秀信贷文化，树立标杆和榜样，推动建立合规发展长效机制，提高业务合规经营水平。

二是开展员工业务知识和职业操守培训。通过建立线上学习平台、聘请风险管理专家现场交流、组织劳动竞赛等形式，强化学习，不断提高员工风险防控意识和合规意识，自上而下全面提升风险管理专业水平和业务能力，确保每个部门、每个岗位、每个工作程序都涵盖在制度约束之下，有效杜绝违规和违章操作。

（二）构建完善案件防控长效机制

一是加强案防教育培训。高度重视案防教育培训，通过采取集中培训与员工自学相结合、案例讨论、警示教育等方式，在员工中树立安全防范无小事、内部管理无琐事、合规经营无特事的案防意识。

二是强化案件责任追究。严格违规处罚问责，持续保持案防高压态势，对违规经营和违规操作实行零容忍，严格按照《银行业金融机构案件问责工作管理暂行办法》（银监办发〔2013〕255 号）等法规制度要求，对发生案件的机构及有关责任人员从严问责，不以经济处罚或其他问责方式代替纪律处分。对重大恶性案件实行管理和监督“双线问责”，着力解决责任追究工作中避重就轻、追下不追上的问题。

三是开展员工行为的排查和监督。组织员工签订合规展业和廉洁从业承诺，加大突击抽查、飞行检查、录像排查力度，密切关注员工柜面行为和消费行为，并规范员工代客业务行为。密切监测员工参与民间融资和非法集资行为，严防对内进行风险转嫁以及内外勾结侵蚀农合机构权益的行为，防止非法集资等外部风险向银行业传染。

四是探索人防和技防监测新途径。建立和完善员工行为电子档案库，动态监测异常行为，实现人防技防相结合。充分运用内外部各种合法有效监测渠道，将员工违规违章信息、处罚信息、不良诚信记录、账户大额和异常交易监测、员工贷款、大宗物品或不动产采购、人民银行征信查询等信息集中反映，为实现人员行为动态管理提供技术支持，将采集数据用于系统监测人员重点关注，及早预警，及时跟踪监控，发现问题及时处理。

第三篇
业务发展篇

2018 年以来，面对错综复杂的外部经济形势和日益激烈的市场竞争环境，农合机构准确把握自身在银行体系中的差异化定位，进一步深化体制机制改革，发挥支农支小定位的引领和支撑作用，专注服务本地、服务县域、服务社区，稳步加大信贷投放力度，努力降低实体经济融资成本。资产业务不断扩张，信贷结构持续优化，非信贷资产业务占比下降。负债业务稳妥推进，存款仍是负债主要来源。中间业务总量增长，各项业务更加规范，整体呈现出稳中有进、稳中向好的发展态势。

第六章　资产业务稳健运行

2018 年以来，农合机构资产总量稳步增长，资产结构更加优化，信贷资源更多向乡村振兴等经济社会发展的重点领域和薄弱环节倾斜，支持实体经济高质量发展力度进一步加大，“脱虚向实”成效明显。

一、资产总量稳步增长，信贷资产占比上升

农合机构坚持支农支小市场定位不动摇，回归本源，专注主业，在继续深化体制机制改革的同时，积极探索经营模式转型，大力拓展资产业务，呈现出资产总量稳步上升、多层面差异化发展等特点。

（一）资产总量稳步上升

2019 年第三季度末，农合机构资产总量 35.43 万亿元，同比增长 2.76 万亿元，增幅 8.46%，增速较上年同期高 3.26 个百分点、较全国银行业金融机构平均水平高 0.77 个百分点；资产总量占全国银行业金融机构比重 12.45%，较 2018 年第三季度末高 0.09 个百分点，较 2017 年第二季度末低 0.11 个百分点。近三年，农合机构资产总量呈现阶梯式增长态势，占全国银行业金融机构比重呈现出先降后升的曲线态势（见图 3－6－1）。

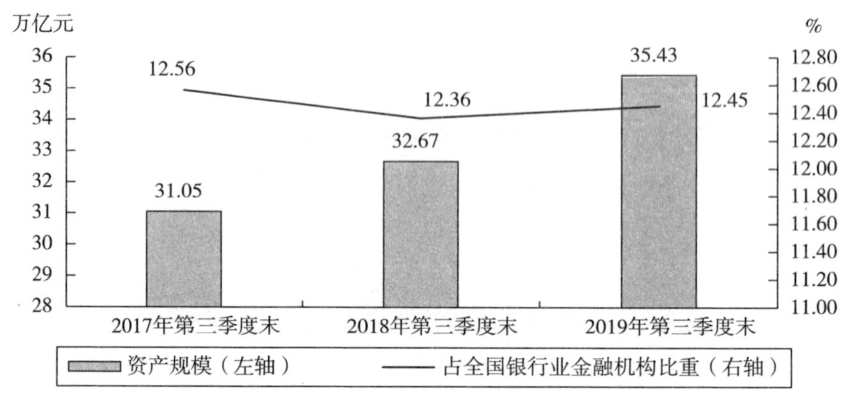

图 3-6-1　农合机构资产规模变化情况

（数据来源：中国银保监会）

（二）资产业务重心更加回归信贷主业

从资产类别看，信贷资产占总资产的比重上升，并且信贷资产增速高于非信贷资产。2018 年以来，在监管部门的政策引导下，农合机构逐步调整经营模式，业务重心更加回归信贷主业。2019 年第三季度末，农合机构信贷资产 18.49 万亿元，同比增长 12.25%，增速较上年同期低 0.57 个百分点；非信贷资产 16.94 万亿元，同比增长 4.57%，信贷资产增速高于非信贷资产。2019 年第三季度末，农合机构信贷资产、非信贷资产分别占总资产的比重为 52.19%、47.81%，其中信贷资产占总资产额的比重分别较 2018 年、2017 年第三季度末增长 1.78 个、5.17 个百分点（见图 3-6-2）。

从农合机构的机构性质看，随着近年来农信社、农合行改制为农商银行工作的稳步推进，农商银行资产占比逐年上升。自 2017 年第三季度末至 2019 年第三季度末，农商银行资产占比从 81.04% 上升至 81.53%，农信社、农合行资产占比分别从

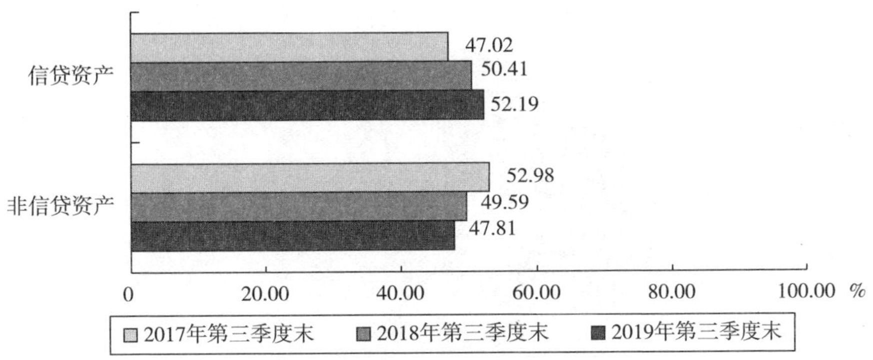

图 3－6－2　农合机构信贷资产与非信贷资产分布情况

（数据来源：中国银保监会）

13.57%、0.88%浮动至13.74%、0.87%。

从资产规模及其增速的区域分布情况来看，东部地区农合机构资产规模最大，中部地区农合机构资产规模平均增速最快。2019年第三季度末，东部、中部、西部、东北地区农合机构资产规模占农合机构资产总量的比重分别为49.37%、21.93%、22.62%、6.08%，东部地区农合机构资产规模占农合机构资产总量近半壁江山（见图3－6－3），其中东部、中部地区农合机构资产规模占农合机构资产总量的比重较上年同期分别上升0.35个和0.09个百分点；东部、中部、西部、东北地区农合机构资产平均增速分别为9.81%、9.46%、7.41%、7.3%，其中东部、中部地区农合机构资产平均增速高于全国农合机构平均水平（见图3－6－4）。

从资产规模增速地区分布情况看，在全国有农合机构的32个省、区、市中，有17个省、区、市的农合机构资产规模增速超过全国农合机构平均水平，其中增幅在10%以上的有9个、7%～10%的有13个、1%～7%的有7个，资产规模呈现负增长

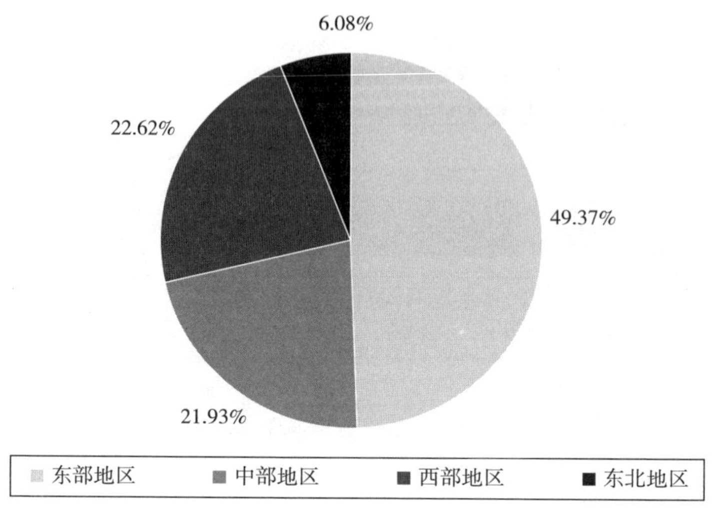

图 3-6-3　东部、中部、西部、东北地区农合机构资产规模分布情况

（数据来源：中国银行业协会）

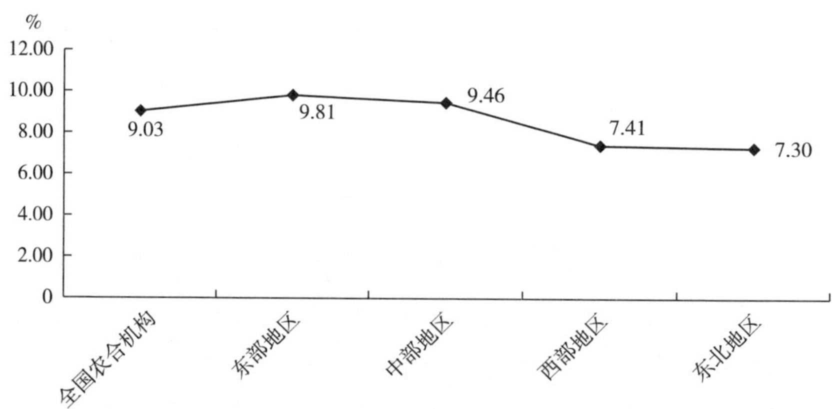

图 3-6-4　东部、中部、西部、东北地区农合机构资产增速对比

（数据来源：中国银行业协会）

的有 3 个。深圳农商银行资产规模增速居全国农合机构首位，达 18.85%（见图 3-6-5）。

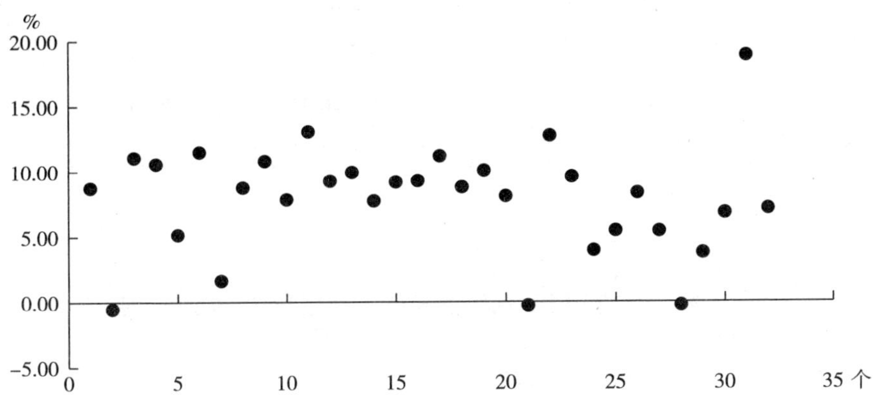

图 3-6-5　全国各地农合机构资产规模增速分布情况

（数据来源：中国银行业协会）

（三）资产扩张速度高于行业平均水平

2019 年第三季度末，农合机构资产同比增长 8.46%，较全国银行业金融机构资产平均增速高 0.77 个百分点，较大型商业银行资产增速高 0.87 个百分点，较股份制商业银行资产增速低 0.88 个百分点，较城市商业银行资产增速低 0.54 个百分点（见图 3-6-6）。

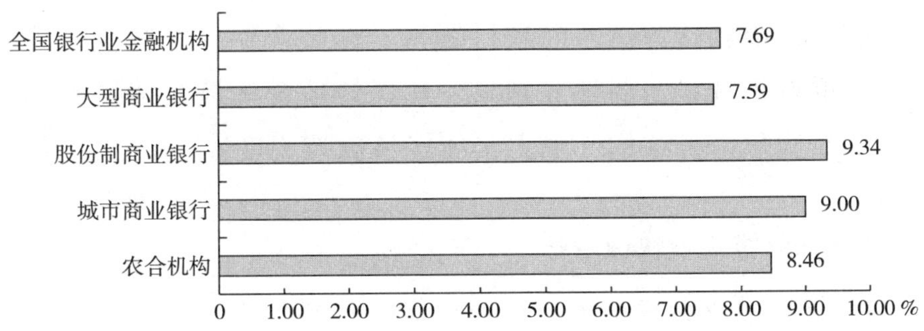

图 3-6-6　全国银行业金融机构资产规模同比增速

（数据来源：中国银保监会）

从各类银行占全国银行业金融机构比重来看，2019 年第三季度末，农合机构、城市商业银行、股份制商业银行、大型商业银行占比均呈现小幅上升趋势，其中农合机构占比增幅最小，仅提高 0.09 个百分点，城市商业银行次之，提高 0.15 个百分点（见图 3－6－7）。

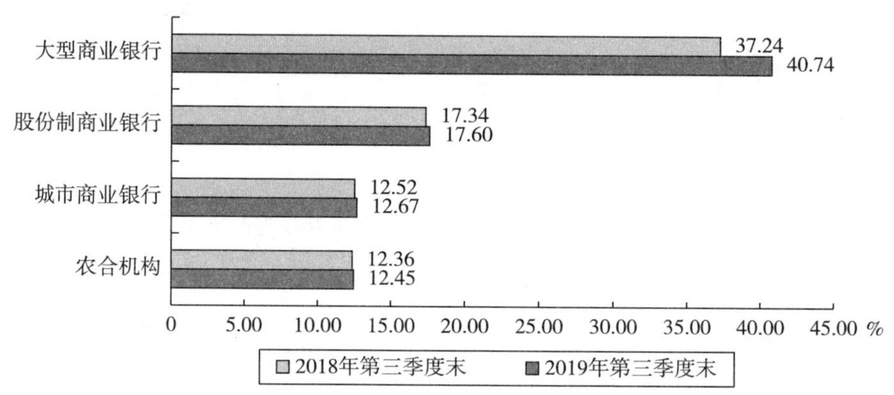

图 3－6－7　各类金融机构资产规模比重变化情况

（数据来源：中国银保监会）

二、信贷结构持续优化，实体经济支持力度增强

2018 年以来，农合机构深化金融供给侧结构性改革，坚持做小做散，将金融资源更多向乡村振兴、小微企业、脱贫攻坚等经济社会重点领域和薄弱环节倾斜，在保持信贷规模快速增长的同时，不断优化信贷结构，加大实体经济支持力度。

（一）信贷规模快速增长

1. 贷款增速高于全国银行业金融机构平均水平

2019 年第三季度末，农合机构贷款余额 18.49 万亿元，同比增长 2.02 万亿元，增幅为 12.25%，增速较上年同期低 0.57 个百分点，但较全国银行业金融机构平均水平高 0.25 个百分点，较农合机构资产规模平均增速高 3.79 个百分点（见图 3－6－8）。

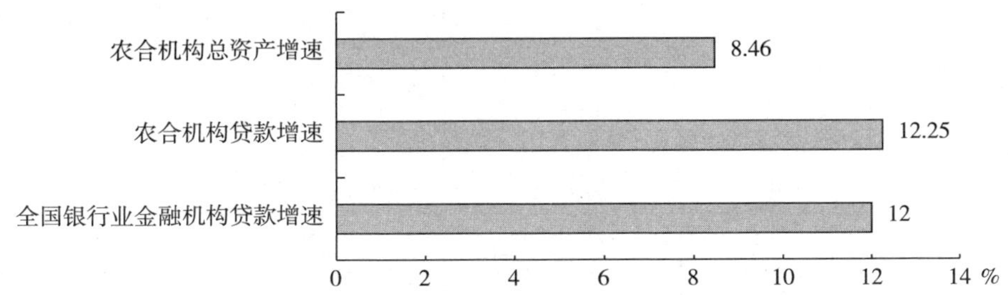

图 3－6－8　农合机构贷款余额变化情况

（数据来源：中国人民银行《中国货币政策执行报告》、中国银保监会）

2. 超半数农合机构贷款规模领先当地

2019 年第三季度末，在全国有农合机构的 32 个省、区、市中，有 17 个省、区、市的农合机构贷款规模领先于当地其他金融机构，其中有 13 个省、区、市的农合机构贷款规模占当地市场份额在 15%～20%，云南、广西两省农合机构贷款规模占当地市场份额超 20%，江苏、广东、浙江、山东、河北五省农合机构贷款规模超万亿元，江苏省农合机构以 16646.63 亿元的贷款规模位居全国农合机构贷款规模榜首（见表 3－6－1）。

表 3－6－1　　2019 年第三季度末在当地贷款市场份额排名第一的 17 个省、区、市的农合机构　　单位：亿元，%

序号	省、区、市	贷款余额	当地市场占比	当地市场排名
1	云南	6202.57	20.27	1
2	广西	5840.58	20.02	1
3	吉林	3111.90	19.80	1
4	河北	10051.74	19.44	1
5	山西	5262.67	19.00	1
6	贵州	5114.67	18.49	1
7	甘肃	3684.44	18.01	1

续表

序号	省、区、市	贷款余额	当地市场占比	当地市场排名
8	安徽	7643.39	17.67	1
9	河南	9309.84	17.05	1
10	江西	5651.01	16.76	1
11	广东	16106.97	15.31	1
12	山东	12923.10	15.09	1
13	新疆	3121.84	15.03	1
14	湖南	5939.94	14.34	1
15	内蒙古	3209.07	13.85	1
16	浙江	15939.33	13.48	1
17	江苏	16646.63	12.56	1

数据来源：中国银行业协会。

3. 贷款占市场比重和占自身资产比重实现双提升

2019 年第三季度末，农合机构贷款余额占全国银行业金融机构的比重约 11.88%，分别较 2018 年、2017 年同期高 0.02 个、0.03 个百分点。农合机构贷款规模占自身资产总额比重为 52.19%，分别较 2018 年、2017 年同期上升 1.78 个和 5.17 个百分点（见图 3-6-9）。

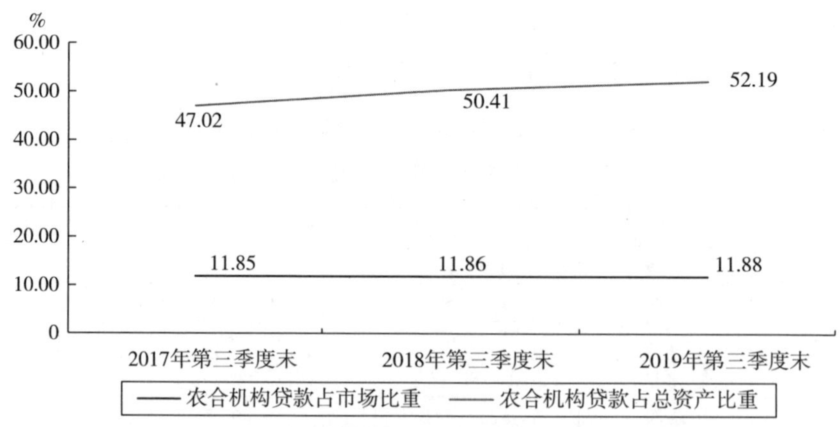

图 3-6-9 农合机构贷款市场占比和占自身资产比重情况

（数据来源：中国银保监会）

（二）实体经济支持力度增强

1. 金融高质量服务乡村振兴

实施乡村振兴战略，是党的十九大作出的重大决策部署，是决胜全面建成小康社会、全面建设社会主义现代化国家的重大历史任务，是新时代“三农”工作的总抓手。2018 年，是实施乡村振兴战略的关键之年；2019 年，是新中国成立 70 周年。《中共中央　国务院关于实施乡村振兴战略的意见》（中发〔2018〕1 号）《中共中央　国务院关于坚持农业农村优先发展做好“三农”工作的若干意见》（中发〔2019〕1 号）是自 2004 年以来，连续第 15 次和第 16 次聚焦“三农”。

全国农合机构认真贯彻落实中央关于乡村振兴的重大决策部署，按照“产业兴旺、生态宜居、乡风文明、治理有效、生活富裕”的总要求，因地制宜制定出台贯彻落实乡村振兴战略的有关文件，靶向加大乡村振兴领域金融供给，全力支持乡村振兴信贷资源优先安排、乡村振兴贷款优先发放、乡村振兴金融服务优先满足，切实提升金融服务乡村振兴的广度和深度。

案例：江西省联社出台了贯彻落实乡村振兴战略的实施意见，与省农业农村厅开展了支持乡村振兴战略合作，明确了全省农合机构对乡村振兴领域实行“三个优先”，即乡村振兴信贷资源优先安排、乡村振兴贷款优先发放、乡村振兴金融服务优先满足，并提出 2018 至 2020 年三年投入 3000 亿元信贷资金全力保障乡村振兴金融供给，着力推进服务现代农业发展、美丽乡村建设、城乡融合发展、农村文明新风、乡村产权改革、精准脱贫攻坚“六大服务工程”；2018 年江西农合机构累计发放乡村振兴贷款 1219 亿元，超额完成了当年乡村振兴信贷投放目标。

案例：福建省联社出台了为期五年的“服务乡村振兴金融支

撑工程”，提出实施农村金融机构网点“乡乡通”提升、农村基础金融服务“村村通”提升、电子银行“户户通”提升、农村金融产品创新、农村信用体系建设、支农支小“十百千万”、农村金融安全、“党建 + 金融”双基联动服务乡村振兴、助力乡村文化振兴、金融扶贫“1550”、乡村绿色信贷“1357”、助力农村民生“863”等 12 项工程，明确“每年新增乡村振兴信贷投放 300 亿元、新增贷款客户 30 万户以上”目标。

案例：云南省联社联合云南省委农村工作领导小组印发了《关于金融支持乡村振兴战略的实施意见》，提出具体支持举措 16 条和服务乡村振兴“12500”目标。农户贷款、小微企业贷款、高原特色农业贷款、地方政府债券等用于支持乡村振兴的资金净增额突破 1000 亿元，其中 2018—2020 年每年不低于 200 亿元，符合条件的行政村 100% 建成信用村，用 POS 机或自助设备等各类机具实现全省行政村 100% 覆盖，建档立卡贫困户的信用评级面达到 100%，符合贷款条件的建档立卡贫困户申贷获得率达到 100%，扶贫小额信贷年度计划完成率达到 100%。

2. 民营和小微企业金融可得性持续提升

民营和小微企业是经济新动能培育的重要源泉，在推动经济增长、促进就业增加、激发创新活力等方面发挥重要作用。2018 年以来，《关于进一步深化小微企业金融服务的意见》（银发〔2018〕162 号）《关于进一步加强金融服务民营企业有关工作的通知》（银保监发〔2019〕8 号）等一系列支持民营和小微企业等实体经济发展的政策文件陆续出台，为农合机构更好地服务民营和小微企业发展提供了工作指引。

全国农合机构紧紧围绕党中央、国务院关于推进民营和小微企业等实体经济金融服务、降低融资成本的部署要求，坚持回归本源，把服务实体经济作为出发点和落脚点，全面提升服务效率和水平，把更多金融资源投向民营和小微企业等经济社会重点领域和薄弱环节，进一步缓解民营和小微企业融资难融资贵问题，支持新动能培育和稳增长、促转型。2019 年第三季度末，农合机构普惠型小微贷款余额 91989 亿元，同比增长 9.6%，占各项贷款余额的比重 49.75%，增速较全国银行业金融机构平均增速高 3.88 个百分点，较城市商业银行高 4.24 个百分点（见图 3-6-10）。

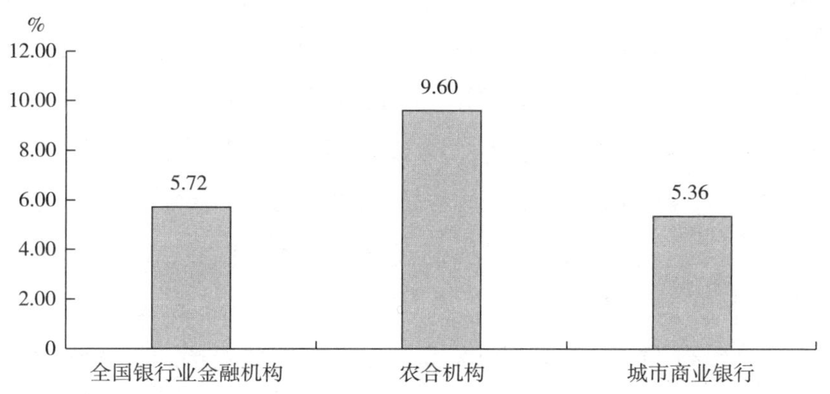

图 3-6-10 各类银行业金融机构小微贷款占比情况

（数据来源：中国银保监会）

案例：浙江农合机构为打破银企间的信息壁垒，连续 12 年开展“走千家、访万户”活动，有效构建了常态化走访小微企业的长效机制。通过贷款调查和资料收集的前置化，实时掌握小微企业经营状况、发展趋势和金融需求。当企业因扩建、增产或资金周转等产生融资需求时，浙江农合机构能在第一时间为其发放贷款。到 2019 年末，浙江农合机构小微企业贷款余额 9420 亿元，占全省银行业金融机构的 1/4。

案例：江西省联社聚焦民营和小微企业融资难、融资贵、融资慢的“症结”，出台了《江西农商银行系统进一步加大支持民营和小微企业发展的实施意见》，从加大信贷供给、简化授信审批、降低融资成本、创新服务模式、激发贷款动力、强化组织保障等六个方面，制定了23条举措支持民营和小微企业发展，提出了实行民营和小微企业信贷计划单列和主办行负主责原则，并要求重点加大单户授信1000万元以下特别是100万元以下民营和小微企业贷款投放力度，进一步强化了对民营和小微企业金融服务的机制保障。

案例：河北省联社将支持民营和小微企业发展摆在服务全省实体经济的战略高度，2019年初便确定了全年新增小微企业贷款700亿元的投放目标，积极引导辖内农合机构不断提高小微企业的申贷获得率和贷款满意度，确保实现“两增两控”工作目标。同时，不断创新体制机制，推行事业部制新型小贷中心建设，打造“方便快捷、高效运转、机制灵活、风险可控”的市场经营机制；积极推动业务产品创新，在“农贷宝”“商贷宝”“创业宝”等“宝”系列信贷产品基础上，陆续推出股权质押贷款、抵（质）押+保证贷款等，为民营和小微企业增加信贷获得途径、缩短信贷办理时间。

案例：重庆农商银行立足小微企业融资需求，加大产品和服务特色化、差异化、科技化的创新推广力度，致力于向小微企业提供高质量的金融服务。2018年，在继续创新专项金融服务方案、扩大科技型企业知识价值信用贷款试点范围的同时，成功发行了30亿元小型微型企业贷款专项金融债券，募集资金全部用于发放小型微型企业贷款。

3. 绿色信贷助推绿色发展

自2015年9月中共中央、国务院印发《生态文明体制改革总体方案》以来，发展绿色金融已经上升到国家战略高度。2017年6月，国务院常务会议决定在浙江、江西、广东、贵州、新疆五省（区）选择部分地区，建设各有侧重、各具特色的绿色金融改革创新试验区，支持金融机构设立绿色金融事业部或绿色支行。

据人民银行不完全统计，到2018年3月末，五省（区）试验区绿色贷款余额2600多亿元，较试验区获批之初增长了13%，高于同期试验区各项贷款余额增速2%。在总量扩大的同时，绿色信贷资产质量保持在较高水平，到2018年3月末，五省（区）试验区绿色贷款不良率0.12%，比试验区平均不良率低0.94个百分点。

全国农合机构积极贯彻“绿水青山就是金山银山”的发展理念，研究制定绿色信贷业务管理办法，根据实际情况设立绿色金融事业部或绿色支行，加大对农村高标准农田、交通设施、水利设施、电网、通信、物流等领域信贷支持，促进信贷资金逐渐从高污染、高能耗产业转移到低碳产业，推动绿色低碳经济社会建设。

案例：广东四会农商银行积极响应国家绿色发展理念号召，推进深化落实绿色金融战略进程，成立了广东省内首个绿色金融事业部，并发放国内首笔民营企业碳排放权配额抵押贷款，金额合计600万元，成为广东省内首家推出碳排放权配额抵押贷款的农合机构。同时，以成立绿色金融事业部为契机，进一步拓展和深化绿色金融业务，集合有效资源，加大对适合绿色融资需求特点的授信模式的开发，着力构建融合绿色金融债、绿色信贷、绿色支付为一体的绿色金融服务体系。2019年3月，广东四会农商银行发行首期绿色金融债券，发行总额2亿元人民币。

案例：江西农合机构以江西被列入国家生态文明试验区和赣江新区建设绿色金融改革创新试验区为契机，专门出台了《关于支持绿色信贷工作的指导意见》，提出4个方面17条支持绿色信贷的具体举措，重点围绕金融“绿色”扶贫、新农村建设、民生工程、现代农业、新兴优势产业、文化产业和红色旅游业等多个领域，加大绿色信贷投放，并制定了贷款尽职免责管理办法，适当提高不良容忍度，着力解决客户经理“惧贷”“惜贷”心理；到 2018 年末，江西农合机构累计发放绿色信贷 190 多亿元，余额 86 亿元。

案例：浙江衢州市农合机构紧扣“标准设计 + 基层实践”的“国字号”绿色金融试点要义，率先出台集“制标、贴标、兑标”为一体的地方银行绿色金融体系建设标准，为全国各地绿色金融标准化、市场化建设提供可复制可推广的“农信模式”“衢州经验”。制标是量化绿色属性等级标准，把原本模糊的客户属性划分出具体等级，便于精准把握风险识别的提前量；贴标是映射绿色金融识别标准，实现全周期动态管理监测，便于各金融机构实时调整优化自身的资产结构、投向和占比，并跟进管理考核机制。兑标是显化绿色效益计量标准，推动绿色金融外部效益的内生化，使其显化为可计量的社会效益和经济效益，为绿色金融市场化奠定基础。

4. 金融精准扶贫成果丰硕

脱贫攻坚是全面建成小康社会的关键性任务，也是当前乡村振兴的重点任务，而且越往后脱贫难度越大。2018 年，国务院发布了《关于打赢脱贫攻坚战三年行动的指导意见》，全面部署脱贫攻坚工作，要求金融机构加大扶贫支持力度，建立健全金融支持产业发展与带动贫困户脱贫的挂钩机制和扶持政策，将新增金融资金优先满足深度贫困地区，新增金融服务优先布局深度贫困地区。

作为农村金融主力军，农合机构积极承担社会责任，将金融精准扶贫工作作为重大政治任务来抓，充分发挥自身在决策流程、人缘地缘、产品服务等方面小、快、灵的优势，瞄准建档立卡贫困户精准帮扶，聚焦深度贫困地区集中发力，积极探索金融扶贫方式，创新扶贫信贷产品，加大对建档立卡贫困户和扶贫产业的信贷支持力度，不断扩大贫困户信用评级授信覆盖面，做到服务对象、服务模式、信息对接精准，着力推动扶贫扶智，将传统的“输血”扶贫向“造血”扶贫转变。

案例：四川遂宁市农合机构联合市金融办、市扶贫移民局等部门，创新推出“金融村官”扶贫模式，向全市323个贫困村和197个非贫困村选派356名农信“金融村官”。“金融村官”由四川遂宁市农合机构从网点负责人、客户经理、柜员或者总行（联社）和一级支行员工中，挑选出一批思想政治素质高、热爱农村事业、熟悉金融业务、甘于奉献的同志担任，赴指定地点履行党建融合、精准扶贫、金融基础服务、电商扶贫等职责，帮助村民实现脱贫致富。在实施“金融村官”扶贫后，在遂宁市构建了每个村有一名县级领导干部联系、一个帮扶单位、一个驻村工作组、一名党组织第一书记、一名驻村农技员、一名“金融村官”的“5+1”扶贫工作新格局。“金融村官”工程还被共青团中央金融工作委员会评为“双提升”优秀方案。

案例：山西农合机构在推进金融扶贫工作中，着力构建、运行“七专”工作体系，即制定专项规划、打造专业队伍、单列专项规模、开发专门产品、提供专优利率、建立专门档案、实施专项考核，并启动实施了“万名客户经理进村入户行动计划”，开展“大摸排、大调研、大起底”主题活动，逐户开展摸底调查，收集信息资料，了解金融需求，开展评级授信，宣传金融知识和扶贫政策，实现了对近百万户贫困户资料收集、评级、授信“三个全覆盖”。

案例：江西省联社坚持将扶贫与扶智相结合，积极投身金融精准扶贫和帮困助学的公益事业中，2011 年牵头全省 86 家农合机构捐资 2 亿元，成立全省首家非公募慈善基金会——百福慈善基金会。百福慈善基金会每年都对省内品学兼优的贫困学生进行资助，已经累计捐资 9700 余万元，资助了 4.88 万人次贫困家庭学生，援建了 12 所希望小学和 12 所“儿童成长数字图书馆”等多个慈善工程。江西农合机构 2016 年启动“农商银行·助你圆梦”慈善助学活动，连续三年开展捐资助学活动，共捐赠资金 2660 万元，用于资助全省贫困大学生、中职学生顺利入学。

三、非信贷资产同比小幅增长，业务更趋多元

2018 年以来，受经济结构转变、金融降杠杆趋势延续等因素影响，农合机构非信贷资产小幅增长，但由于经营条件、发展目标和策略措施的不同，不同机构、不同业务发展情况差异显著。

（一）非信贷资产增速低于信贷资产增速

2019 年第三季度末，农合机构非信贷资产 16.94 万亿元，同比增加 0.74 万亿元，增幅 4.57%，较信贷资产增速低 7.68 个百分点；非信贷资产占资产总额比重为 47.81%，较 2018 年同期下降 1.78 个百分点。

从农合机构在全国经济区域分布的情况来看，东部地区农合机构非信贷资产规模最大，东北地区农合机构非信贷资产规模占该地区总资产规模比重最高。2019 年第三季度末，东部、中部、西部、东北地区农合机构非信贷资产规模占各地区农合机构总资产规模的比重分别为 47.32%、49.21%、44.83%、53.48%，分别较信贷资产规模占比低 5.36 个、1.58 个、10.34 个、-6.97 个百分点（见图 3-6-11）。

从农合机构的机构性质看，截至 2019 年第三季度末，农信

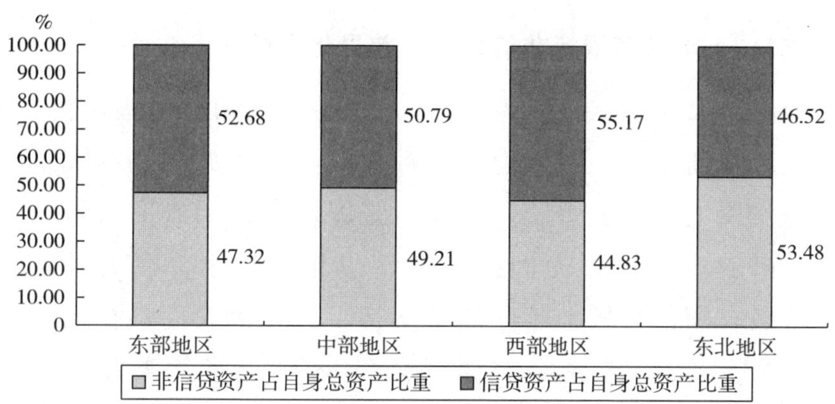

图3－6－11　各地区农合机构信贷资产和非信贷资产分布情况

（数据来源：中国银行业协会）

社非信贷资产规模同比增速最快，达7.67%，较全国农合机构非信贷资产规模平均增速高3.1个百分点；农商银行次之，非信贷资产规模同比增速达4.32%；农合行非信贷资产规模不增反降，降幅达1.81%（见图3－6－12）。

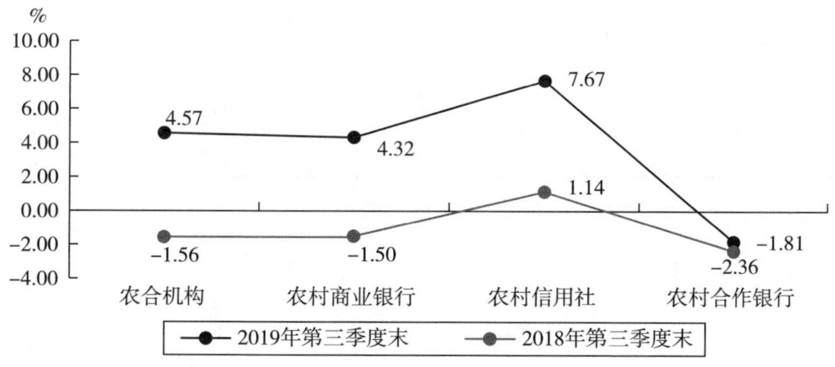

图3－6－12　不同农合机构非信贷资产变化情况

（数据来源：中国银保监会）

（二）上市农商银行非信贷资产差异化发展

2018 年以来，由于经营条件、发展目标和具体措施的不同，不同上市农商银行在买入返售、拆出资金、存放同业等非信贷资产业务发展上差异显著。以常熟、张家港、无锡农商银行三家在 A 股上市的农商银行为例：2019 年半年报显示，在买入返售方面，常熟农商银行较上年同期基本持平，无锡农商银行较上年同期下降 94.18%，张家港农商银行 2018 年上半年未开展相关业务；在拆出资金方面，常熟、无锡农商银行均较上年同期下降，分别下降 41.69%、11.94%，张家港农商银行较上年同期上升 8.64%；在存放同业方面，常熟农商银行增长 115.41%，张家港农商银行下降 33.51%（见表 3－6－2）。

表 3－6－2　三家上市农商银行非信贷资产变化情况　单位：亿元，%

非信贷资产类型	项目	常熟农商银行	张家港农商银行	无锡农商银行
买入返售	规模	27.19	8.90	2.60
	同比增速	－0.29	100	－94.18
拆出资金	规模	5.37	7.80	3.17
	同比增速	－41.69	8.64	－11.94
存放同业	规模	32.98	10.18	50.25
	同比增速	115.41	－33.51	40.99

数据来源：三家上市农商银行 2018—2019 年半年报。

第七章　负债业务稳步增长

2018年以来，农合机构负债业务呈现可持续发展的良好态势。其中，负债业务总体保持平稳增长态势，负债来源日趋多元化，存款结构基本稳定，非存款业务规范发展，为农合机构稳健发展奠定了良好基础。

一、负债业务稳妥推进，存款仍是主要支撑

在货币政策导向由“去杠杆”转向“稳杠杆”、影子银行收缩幅度放缓等众多因素影响下，农合机构负债业务总量稳步增长，但增长压力依然存在，其中东北地区农合机构负债规模增速最快，存款仍为负债的主要支撑。

（一）负债规模稳步增长

2019年第三季度末，农合机构负债规模32.73万亿元，同比增长2.53万亿元，增幅达8.38%，增速较上年同期高3.62个百分点，较全国银行业金融机构平均水平低0.25个百分点，较资产规模增速高1.18个百分点。此外，农合机构负债规模占全国银行业金融机构比重达12.55%，其近三年占比变化趋势与资产规模变化趋势相匹配（见图3－7－1）。

（二）负债结构分化明显

从负债类别看，存款仍是主要支撑，但增速放缓。2019年第

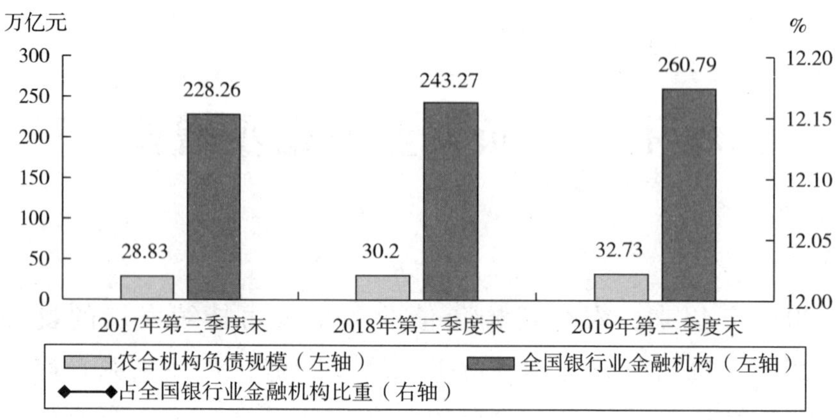

图 3－7－1　农合机构负债规模及占比变化情况

（数据来源：中国银保监会）

三季度末，农合机构存款余额 27.68 万亿元，占负债总额 84.57%，同比增长 3.34 万亿元，增幅达 13.72%，增速较负债规模增速高 5.34 个百分点；非存款负债业务规模同比下降 13.82%，非存款负债占负债总额 15.43%，占比较上年同期下降 3.97 个百分点（见图 3－7－2）。

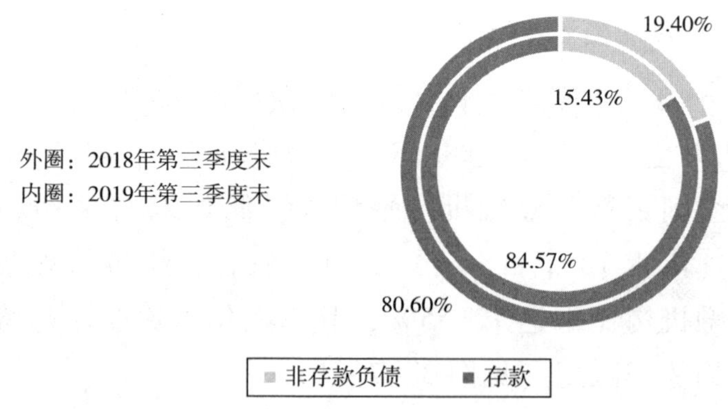

图 3－7－2　农合机构存款与非存款负债分布情况

（数据来源：中国人民银行《中国货币政策执行报告》、中国银行业协会）

从农合机构在全国经济区域分布情况看，东部地区农合机构负债规模最大且增速最快。2019 年第三季度末，东部、中部、西部、东北地区农合机构负债规模占农合机构负债总量的比重分别为 49.11%、22.14%、22.6%、6.16%。其中，东部、中部地区农合机构负债占农合机构负债总量的比重分别较上年第三季度末分别上升 0.26 个、0.1 个百分点，西部、东北地区较上年第三季度末分别下降 0.28 个、0.07 个百分点（见图 3-7-3）。

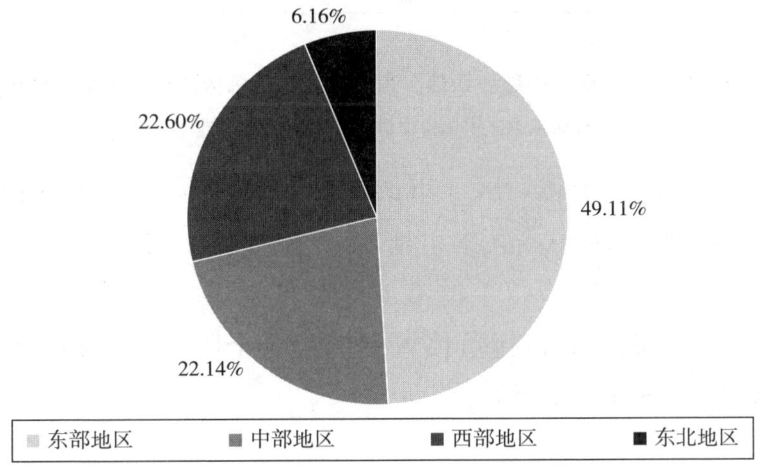

图 3-7-3　东部、中部、西部、东北地区农合机构负债规模分布情况

（数据来源：中国银行业协会）

2019 年第三季度末，东部、中部、西部、东北地区农合机构负债平均增速分别为 9.58%、9.5%、7.63%、7.64%。除东部地区农合机构之外，中部、西部、东北地区农合机构负债平均增速均高于资产平均增速，分别高 0.04 个、0.22 个、0.34 个百分点。东部、中部地区负债平均增速高于全国农合机构负债平均增速（见图 3-7-4）。

从负债规模增速分布情况看，在全国有农合机构的 32 个省、

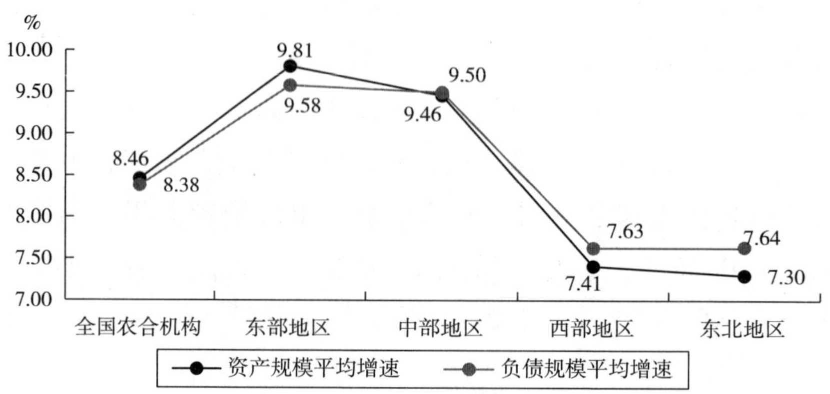

图 3－7－4　东部、中部、西部、东北地区农合机构资产负债增速对比

（数据来源：中国银保监会、中国银行业协会）

区、市中，有 18 个省、区、市的农合机构负债规模增速高于全国农合机构平均水平。其中，增幅在 10% 以上的有 7 个，7% ~ 10% 的有 16 个，1% ~7% 的有 6 个，此外，负债规模负增长的也有 3 个。深圳农商银行负债规模增速居全国农合机构首位，达 19. 73% （见图 3 －7 －5）。

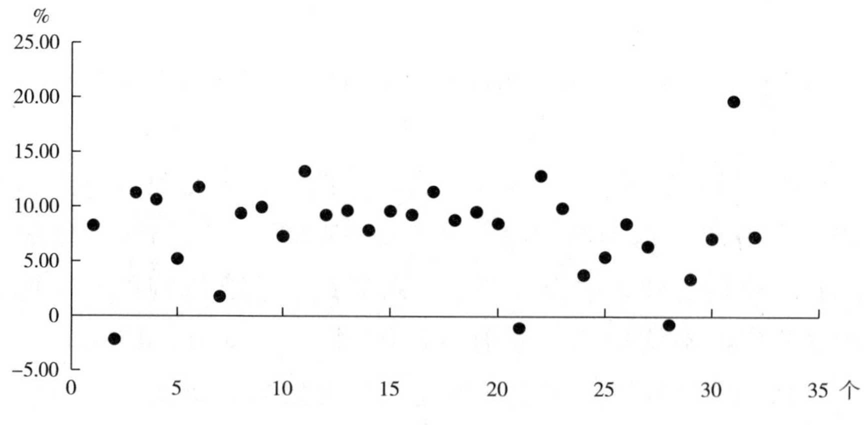

图 3－7－5　全国各地农合机构负债规模增速分布情况

（数据来源：中国银行业协会）

（三）负债增速高于大型商业银行

2019 年第三季度末，农合机构总负债 32.73 万亿元，同比增长 8.38%，增速较大型商业银行高 1.4 个百分点，较股份制商业银行、城市商业银行分别低 0.12 个和 0.46 个百分点（见图 3－7－6）。在全国银行业金融机构中，农合机构总负债占比较 2018 年同期高 0.14 个百分点，较 2017 年同期低 0.08 个百分点，城市商业银行总负债占比分别较 2018 年、2017 年同期高 0.19 个、0.31 个百分点（见图 3－7－7）。

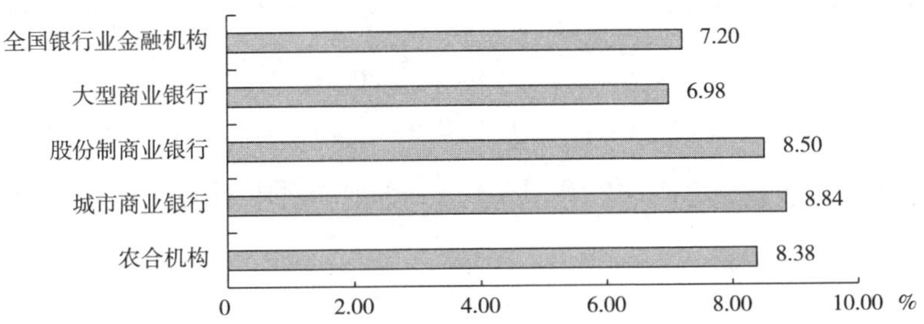

图 3－7－6　全国银行业金融机构负债规模同比增速

（数据来源：中国银保监会）

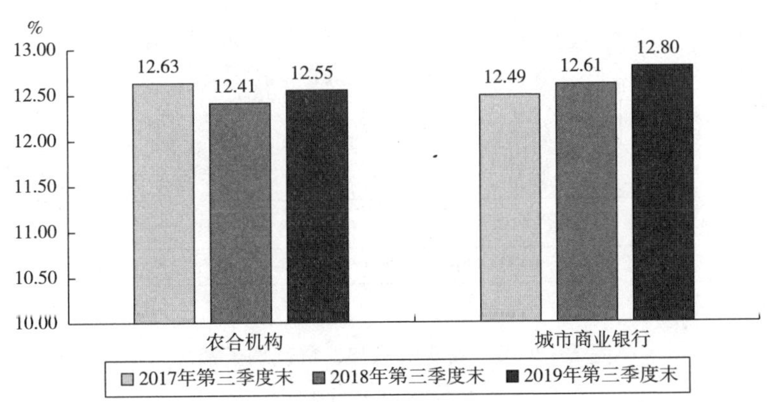

图 3－7－7　各类金融机构资产规模比重变化情况

（数据来源：中国银行业协会、银保监会）

二、存款占据主导地位，发展压力犹存

2018 年以来，农合机构存款平稳增长，增速高于全国银行业金融机构平均水平，但受货币政策稳健中性、利率市场化改革加速、互联网金融快速发展等因素影响，存款业务增长压力依然存在。

（一）存款增速略高于贷款增速

2019 年第三季度末，农合机构各项存款余额 27.68 万亿元，同比增长 3.34 万亿元，增幅达 13.72%，较全国银行业金融机构平均水平高 5.62 个百分点，较农合机构总负债增速高 5.34 个百分点，较农合机构贷款增速高 1.47 个百分点，各项存款余额占全国银行业金融机构的 14.13%，较上年同期高 0.7 个百分点（见图 3－7－8）。

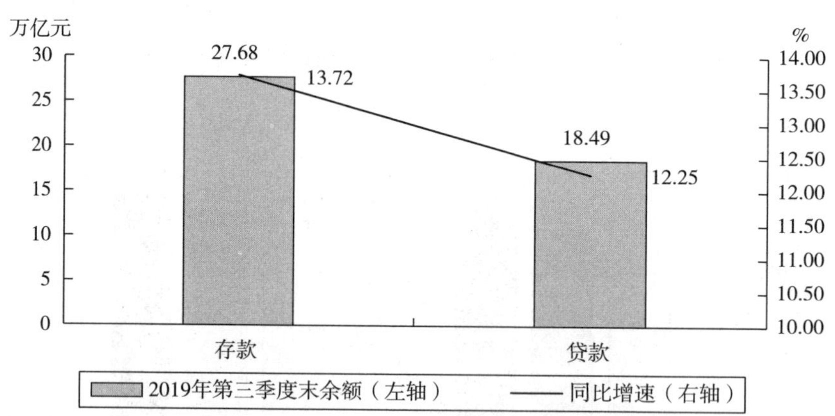

图 3－7－8　农合机构存、贷款增长情况

（数据来源：中国银行业协会）

（二）部分农合机构存款迈入“万亿元俱乐部”

2019年第三季度末，在全国有农合机构的32个省、区、市中，已有9个省、区、市的农合机构存款超万亿元，广东、江苏、浙江三省农合机构存款超2万亿元，其中广东农合机构以25776.39亿元的存款位列全国农合机构首位。同时，有25个省、区、市的农合机构各项存款余额居当地银行业金融机构首位，其中有11个省、区、市的农合机构在当地存款市场份额超20%，有7个省、区、市的农合机构存款市场份额比重在15%～20%之间（见表3－7－1）。

表3－7－1　　2019年第三季度末在当地存款市场份额排名第一的25个省、区、市的农合机构　单位：亿元，%

序号	省、区、市	存款余额	当地市场占比	当地市场排名
1	云南	8355.82	25.18	1
2	广西	7505.95	23.82	1
3	贵州	5761.26	22.81	1
4	山西	8536.38	22.22	1
5	河北	15301.36	21.65	1
6	甘肃	4321.63	21.53	1
7	海南	2068.49	21.47	1
8	河南	14683.21	21.08	1
9	江西	7720.52	20.35	1
10	吉林	4509.30	20.30	1
11	安徽	11039.78	20.13	1
12	宁夏	1252.36	19.77	1
13	湖南	10189.66	19.25	1
14	山东	19459.50	18.59	1
15	重庆	6670.10	18.50	1
16	内蒙古	4294.67	18.23	1
17	广东	25776.39	17.84	1
18	浙江	22802.94	17.78	1
19	新疆	3650.28	14.65	1

续表

序号	省、区、市	存款余额	当地市场占比	当地市场排名
20	江苏	23073. 80	14. 61	1
21	四川	12083. 68	14. 50	1
22	福建	6960. 17	14. 34	1
23	陕西	5929. 22	13. 52	1
24	湖北	7629. 09	12. 63	1
25	辽宁	6359. 15	10. 35	1

数据来源：中国银行业协会。

（三）存款“定期化”趋势有所加强

2017 年第三季度末至 2019 年第三季度末，全国农合机构活期存款余额从 9 万亿元上升至 9. 77 万亿元，近两年增速分别为 4. 94%、3. 51%；定期存款余额从 12. 33 万亿元上升至 15. 49 万亿元，近两年增速分别为 8. 5%、15. 83%，远高于活期存款增速，这表明存款“定期化”趋势有所加强（见图 3 - 7 - 9）。

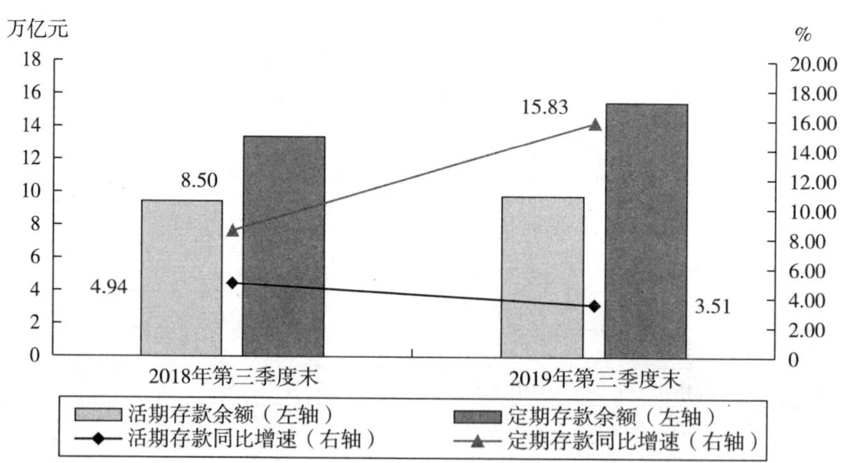

图 3 - 7 - 9　农合机构活期、定期存款占比变化情况

（数据来源：中国银行业协会、中国银保监会）

（四）单位存款增速下降

2019 年第三季度末，全国农合机构单位存款余额 7.34 亿元，储蓄存款余额 19.82 亿元，同比分别增长 0.24 亿、2.29 亿元，增幅分别为 3.36%、13.09%，增速分别较 2018 年同期上升 -1.89 个、4.84 个百分点。（见图 3-7-10）。

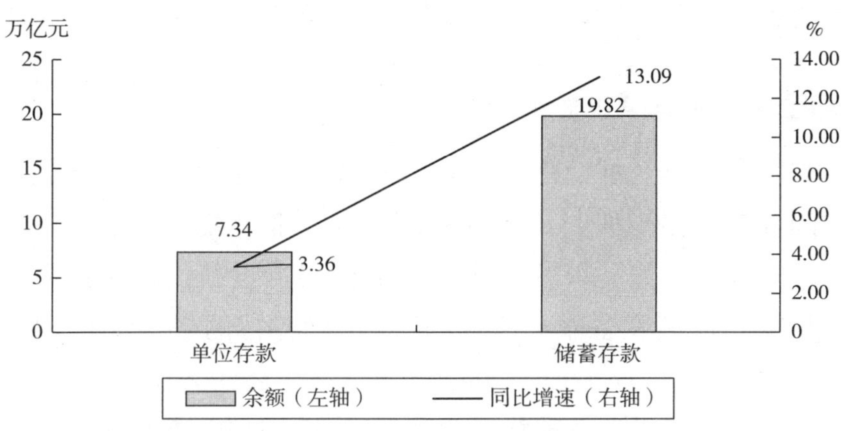

图 3-7-10　农合机构单位存款和储蓄存款变化情况

（数据来源：中国银行业协会）

三、非存款负债规范发展，管理能力增强

2018 年以来，随着一系列监管措施的出台，金融脱媒深化、互联网金融持续渗透，以传统存款业务为主的负债管理模式受到挑战，非存款负债业务因其主动性、灵活性和针对性特点，受到全国各地农合机构的青睐。

（一）积极开展向人民银行借款业务

人民银行借款主要包括再贷款、再贴现等业务，可以解决银行短期资金融通需求。2018 年以来，人民银行及时开展常备借贷便利操作，满足中小金融机构短期流动性需求，仅 2019 年上半年累计开展常备借贷便利操作金额达 1992 亿元。农合机构积极拓展非存款负债来源，向人民银行办理支农支小和扶贫债券质押再贷款、再贴现等业务。比如，2019 年上半年，张家港农商银行、常熟农商银行、无锡农商银行分别向人民银行借款 22.77 亿、30.08 亿、18.81 亿元，借款金额同比增长 250.31%、82.52%、370.25%①。

（二）同业存单业务规范发展

2018 年以来，在金融去杠杆、MPA 考核等背景下，全国农合机构同业存单逐步回归流动性管理本源，业务规范发展，市场发行利率降低。比如，2018 年 1 月，人民银行重新设定了对同业存单的年度发行额度备案要求，将 2018 年各行的备案额度限定在 2017 年 9 月末总负债的 1/3 扣减同业负债之后的余额之内；《2018 年第一季度中国货币政策执行报告》指出，拟于 2019 年第一季度评估时将资产规模 5000 亿元以下的金融机构发行的同业存单纳入 MPA 考核等。2018 年，银行间市场发行同业存单 27306 只，发行总量为 21.1 万亿元，较 2017 年增长 0.93 万亿元，增幅 4.61%；农商银行 3 个月期同业存单发行加权平均利率 4.05%，与银行间市场同业存单发行加权平均利率基本持平，较 3 个月期 Shibor 高约 32 个基点；农商银行 1 个月、3 个月、1 年期同业存单发行利率分别较 2017 年末低 1.47 个、1.59 个、1.64 个百分点。

（三）发行二级市场资本债开拓负债来源

商业银行二级资本债是指商业银行发行的、本金和利息的清

① 数据来源：各行 2018 年年报。

偿顺序列于商业银行其他负债之后、先于商业银行股权资本的债券，是补充二级资本相对有效、使用较为普遍的手段。2018 年以来，全国农合机构积极开拓负债来源，发行债券筹措资金，补充二级资本，增强运营实力。比如，2018 年，中山农商银行首次在全国银行间债券市场发行二级资本债券，发行规模达 15 亿元；广东龙门农商银行首次在全国银行间债券市场发行二级资本债券，发行规模达 2.5 亿元；新疆昌吉农商银行首次在全国银行间债券市场发行二级资本债券，发行规模达 4 亿元。2018 年，商业银行二级资本债共发行 4007.20 亿元。[①]

（四）上市农商银行同业和其他金融机构存放款业务分化发展

2019 年第二季度末，常熟农商银行同业和其他金融机构存放款项 5.06 亿元，同比下降 88.75%；无锡农商银行同业和其他金融机构存放款项 12.09 亿元，同比增长 253.58%；张家港农商银行同业和其他金融机构存放款项 15.12 亿元，同比下降 8.09%（见图 3－7－11）。

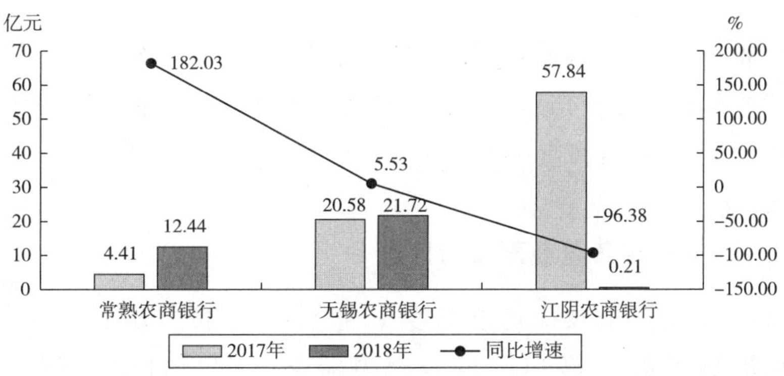

图 3－7－11　上市农商银行同业和其他金融机构存放款项情况

（数据来源：根据各行 2018—2019 年半年报整理）

① 数据来源：中国债券信息网。

第八章　中间业务稳健发展

随着乡村振兴战略的持续实施，农村经济得到快速发展，农民生活水平大幅提升，农村地区金融服务需求日益多元化，品种丰富、覆盖面广的中间业务成为农合机构提供综合化服务、提升市场竞争力的重要切入点，并且中间业务具有资本占用低、风险小、稳定性好、持续性强、不亲周期等特点，是农合机构经营转型的重要抓手。农合机构坚持“传统是根基、创新是引擎”的两条腿战略，在继续发展传统中间业务的同时，创新开展新型中间业务，着力提高非利息收入，增强经营能力。

一、中间业务调整中扩面

2018 年以来，农合机构坚持以客户为中心，持续优化传统中间业务产品的流程和服务，稳步推进发展财富管理等新型中间业务产品，实现中间业务稳健发展。

（一）中间业务覆盖面不断提升

农合机构依托人缘地缘优势，立足于一般大众客户的基础，主动拓展满足高端客户的综合金融服务，有力推进中间业务发展，实现中间业务覆盖面持续提升。

稳步推进传统型中间业务。2018 年以来，农合机构进一步深挖客户金融服务需求，加大对代理类等传统业务产品的营销力度。通过构建多类型、广覆盖的居民生活业务应用场景，陆续开办水、电、煤、有线、学费代收等民生类代理业务，将各项金融服务融入到当地居民的生产经营、消费、就学、就医等方方面面，有力巩固和扩大了基础客群，增加客户粘性。

积极发展新型中间业务。主动应对金融脱媒和利率市场化趋势，农合机构积极拓展资产管理、基金托管、投顾、信贷资产证券化等具有高附加值的新型中间业务，满足客户多样化金融需求的同时也产生了良好的经济效益。部分发达地区农商银行已经将发展新型中间业务作为战略方向和提高核心竞争力的关键，在发展数量和质量上都取得了较大成效，产品和服务呈现多元化、差异化、科技化等特点，已成为新的利润增长点。

（二）中间业务收入总量增加

2019 年前三季度，农合机构实现中间业务收入 265.76 亿元，较 2018 年前三季度增长 34.77 亿元，增幅 15.05%；中间业务收入占营业总收入的比重为 2.14%，占比较上年同期高 0.23 个百分点（见图 3－8－1）。

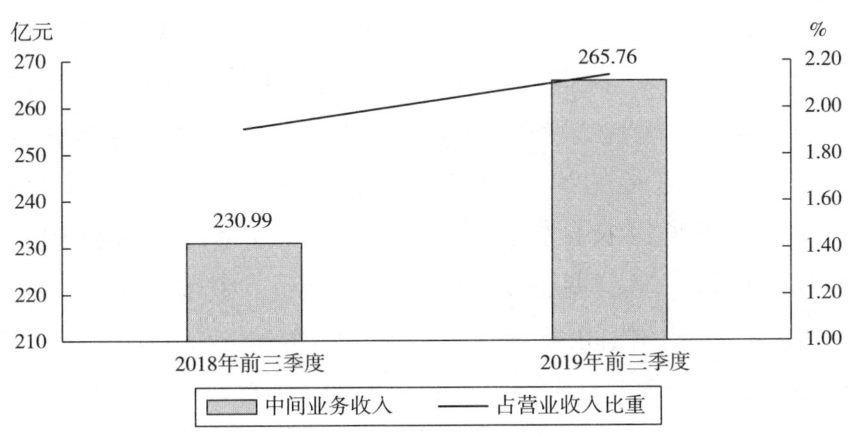

图 3－8－1　农合机构中间业务收入及占比情况

（数据来源：中国银行业协会、中国银保监会）

从中间业务收入增速分布看，2019 年前三季度，全国有农合机构的 33 个省、区、市中，有 18 个省、区、市的农合机构中间业务收入实现正增长，其中广东农合机构增幅居全国农合机构首位，达 167.05%（见图 3－8－2）。

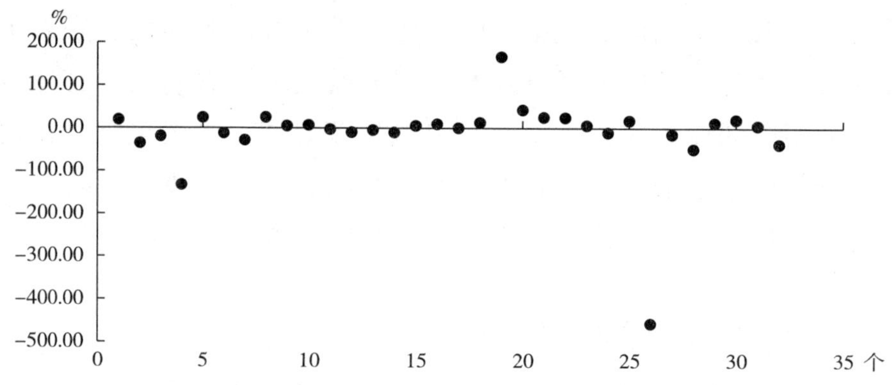

图 3－8－2　全国各地农合机构中间业务收入增速分布情况

（数据来源：中国银行业协会）

从农合机构在全国经济区域分布情况看，东部地区农合机构中间业务收入最高且平均增速最快。2019 年第三季度末，东部、中部、西部、东北地区农合机构分别实现中间业务收入 171.31 亿、23.05 亿、64.92 亿、6.48 亿元，占全国农合机构中间业务收入总量的比重分别为 64.46%、8.67%、24.43%、2.44%，东部地区农合机构中间业务收入占全国农合机构中间业务收入总量过半（见图 3－8－3）；东部、中部、西部、东北地区农合机构中间业务收入平均增速分别为 21.97%、－5.96%、11.12%、－14.85%（见图 3－8－4）。

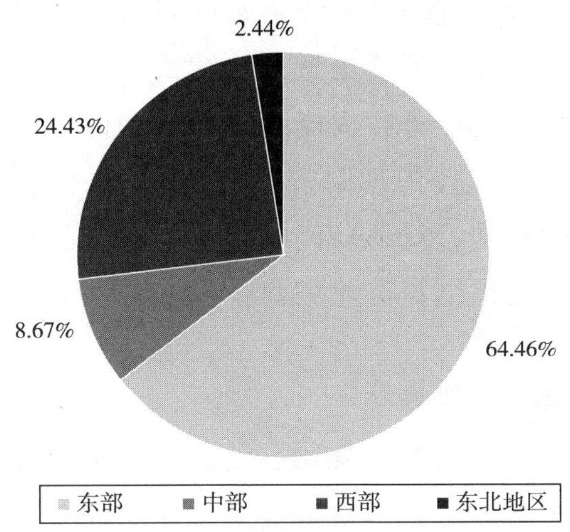

图 3－8－3　东部、中部、西部、东北地区农合机构中间业务收入分布情况

（数据来源：中国银行业协会）

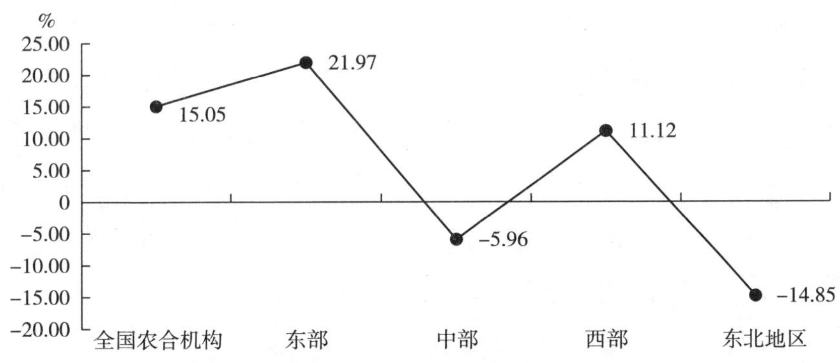

图 3－8－4　东部、中部、西部、东北地区农合机构中间业务收入增速对比

（数据来源：中国银行业协会）

二、传统中间业务占主导地位

银行卡、清算结算、代理类等传统中间业务在农合机构的经营发展中仍占主导地位。2018 年以来，在金融监管趋严的大环境下，农合机构积极把握消费升级带来的发展机遇，紧密围绕客户需求，主动对接多样化消费场景，持续扩展以银行卡为载体的服务应用，使银行卡类业务收入成为最大的中间业务收入来源；规范发展以代理保险、代销理财等业务为代表的代理类中间业务，并积极承担社会责任，对部分代收代付业务减费让利；加快布局电子支付领域，促进结算类业务稳步发展。

（一）服务能力持续提升

2018 年以来，农合机构积极适应市场需要，在充分研究细分中间业务市场的基础上，做精做细传统中间业务，着力在产品和服务的深度、广度上下功夫，做到产品更加贴近城乡居民生活，服务更加多元丰富，业务发展基础更加坚实。

产品种类更加齐全。农合机构继续加强传统结算、代收代付等业务的创新，扩大代理业务的种类和范围。优化原有的代收工资、养老金、电话费、电费、水费、有线电视费等缴费业务，积极对接政府公共部门，新设各类税费、罚款等公共事业缴费业务，满足不同区域、不同群体的各种金融服务需求。扩大保险、基金、信托代销等代理业务的合作对象，增加代理业务的种类和范围，为城乡居民提供更加多样的金融服务。

表 3－8－1　　农合机构主要代理类中间业务产品

非税代收	电费代收	代理保险	住宅维修专项资金
机关社保代理	水费代收	代理贵金属销售	招投标保证金管理
城乡居民保代理	物业费代收	证券交易第三方存管	二手房交易资金监管
党费代收	广电代收	高速 ETC 代收	烟叶收购代拨付
学费代收	福彩代收	交通罚没款代收	烟用物资销售代收

应用场景更加丰富。农合机构紧跟消费升级大趋势，围绕

“金融+生活”，紧盯“衣食住行游乐购医”，打造各类消费应用场景金融，创新推出一系列契合消费升级趋势、安全便捷的金融产品。比如，加深与第三方合作，丰富互联网支付场景，将消费分期业务覆盖到家电、家装、家居、交通工具、旅游等领域，将云闪付、扫码收单等支付结算业务覆盖到停车、商超、校园、医疗、餐饮等行业，服务更加贴近群众生活。

产品渠道更加多元。积极顺应互联网金融“跨界化、生态化、移动化、场景化”的趋势，结合移动互联时代客户消费习惯，积极推进中间业务产品互联网化。服务渠道跨出传统网点柜台等物理渠道，延伸到网上银行、手机银行、微信银行、自助设备等多元服务渠道，客户运用手机银行、微信银行等电子化渠道办理中间业务的比重持续提高。2019 年第三季度末，全国农合机构网上银行开户数 10619.42 万户，交易量达 8.03 亿笔；手机银行开户数 21555.18 万户，交易量达 11.39 亿笔。

（二）机制支撑逐步完善

营销模式更加灵活。坚持以服务基础客户、提升客户获得感为目标，以“两个结合”推进服务综合化，进一步增强为客户提供一揽子金融服务的能力。一是注重存贷业务与中间业务结合，加强对现有产品的系统整合包装，实现产品组合化、系列化。二是注重线上营销与线下营销结合，实现线上线下联动、产品与渠道联动，逐步形成线上线下双向引流的良性循环机制。

外联内协更加顺畅。加强对外沟通协作，积极争取相关政策支持，借助第三方力量，整合业务资源，建立长期、稳定的业务合作关系，推动合作项目落地生根、开花结果。加强部门专业化管理水平建设，建立健全前、中、后台相分离的部门分工、协作机制，形成内部合力，实现中间业务整体推进、快速发展。

平台支撑更加有力。以客户需求为导向，推进新一代系统建设，完成中间业务系统平台整合开发，为推动传统中间业务持续健康发展提供强有力支撑。积极运用各类金融科技，为手机银行、微信银行等各类应用提供基础功能支撑；推广柜面无纸化系统，布放 STM、VTM 自助机具，加强电子渠道支撑，以高效的流程管理改善客户体验。

三、新型中间业务发展缓中有序

农合机构在继续做优做强传统中间业务产品的基础上，积极探索新型中间业务，推出理财、托管、投顾类等业务。在国家持续推动农合机构回归本源、专注主业的背景下，农合机构推进综合化经营更加审慎，新型中间业务发展步伐放缓，业务更加合规。

（一）稳步推进资管业务转型

2017 年起理财业务成为重点监管规范领域。为推进理财业务更加规范化、专业化运行，2018 年以来，各类银行陆续加入设立理财子公司的行列，稳步推进资管业务转型，并建立资产管理的有效风控制度和激励机制，促进实现真正的风险隔离，增强自身的竞争力。截至 2019 年 11 月 29 日，据不完全统计，目前全国已有 33 家银行公告成立银行理财子公司，正式开业的已有 7 家，分别为工商银行、农业银行、中国银行、建设银行、交通银行、邮政银行和招商银行。

理财业务管理更加规范。2018 年以来，为推动银行理财业务规范健康发展，促进统一资产管理产品监管标准，有效防范金融风险，银保监会陆续出台《关于规范金融机构资产管理业务的指导意见》（银发〔2018〕106 号）《商业银行理财子公司管理办法》（银保监会令〔2018〕7号）等系列文件规范理财业务发展，农合机构严格按照监管导向，有序调整理财业务，推动理财业务回归“受人之托、代人理财”本源，打破“刚性兑付”，理财业务发展更加规范、发展势头有所减弱。

（二）着力夯实业务发展基础

加强规范体系建设。强化合规管理，健全投资者适当性管理、理财产品托管、信息披露等资管制度建设，为推进理财转型建立制度支撑。按照监管导向和要求，健全同业借款等金融债权类投资制度规范，完善“职责明确、岗位分离、有效制约”的内控管理体系，提高管理有效性。在风险排查的基础上，评估业务合作的相关风险，完善风险处置预案，强化业务监测管理，及时预警。

强化人才保障。建立科学合理的用人机制和人才培养机制，组建专业人才队伍，挑选一批既懂计算机相关知识，又具备国际金融、投资、咨询、证券等知识的复合型人才，为新型中间业务的研发提供智力支撑。建立定期培训机制，做到专业培训和交流培训相结合，理论知识和实践操作相结合，进而提升前、中、后台岗位从业人员的专业胜任水平。

提升科技支撑。充分发挥省联社大平台优势，不断加大相关科技投入，加强相关系统项目建设，实现新型中间业务软硬件环境的全面提升，为新型中间业务的发展提供技术支持。积极关注新兴领域、新兴渠道、新兴业态的金融需求，运用金融科技，推动在营销获客、组织推动、流程创新等方面的创新，最终高效满足客户金融需求。

规范经营行为。研究推动销售服务标准化建设，扎实推进销售专区（专柜）、录音录像工作的标准化建设，促进销售渠道和服务升级转型，提升客户获得感和满意度。规范收费行为，及时在官网和营业网点公示服务收费标准，让客户享有充分的知情权和选择权，建立投诉处理机制和流程。遵循“客户自愿”原则，严禁在贷款时向客户强行销售各类金融产品。

第四篇
转型创新篇

党的十八大以来，以习近平总书记为核心的党中央准确把握当代世界经济深度调整带来的机遇与挑战，对金融创新驱动发展、加快金融供给侧结构性改革作出一系列重要部署。农村金融是当前国民经济的核心和血脉，农合机构更是农村金融主力军和联系农民最好的金融纽带。在当前金融改革转型进入高质量发展的关键时期，进一步明确发展方向和定位，深刻认识并准确把握国内外新形势、新变化、新特点和新时代、新要求、新任务对农合机构来说显得尤为重要。农合机构积极顺应经济高质量发展趋势的新要求，实施金融供给侧结构性改革，推进金融回归本源，优化农村金融供给模式，开展金融产品创新，强化数字引领作用，逐步健全网络安全体系，拥抱信息互联网技术，激发自身创新活力和创造潜能，紧紧抓住和用好新一轮科技革命和产业变革的机遇，为金融服务乡村振兴战略作出了重要贡献。

第九章　顺应经济高质量发展趋势　加快金融供给侧结构性改革

我国经济已经由高速增长阶段转向高质量发展阶段，必须要有与之匹配的金融体系，尤其是需要金融机构高质量发展。习近平总书记强调，“要深化对国际国内金融形势的认识，正确把握金融本质，深化金融供给侧结构性改革”“抓住完善金融服务、防范金融风险这个重点，推动金融业高质量发展”。这为推动农合机构高质量发展提供了重要遵循，对做好农村金融工作具有十分重要的指导意义。

一、金融回归本源逐步推进

农合机构紧跟国家政策导向，严格遵守法律法规和落实监管政策，牢守本职，固守主业，切实履行支持实体经济责任，积极支持“三农”、民营小微企业发展，充分发挥支农支小主力军作用。

（一）助力乡村振兴迈向高质量

农合机构紧扣深化农业供给侧结构性改革要求，充分发挥点多面广，以及熟悉农村现状、农业特点、农民需求的优势，咬定“农”字不放松，扎根农村不动摇，坚持为农而生、因农而兴，持续做好农村地区金融业务，通过走到村间田头、走进农户家庭，收集“一手”信息，摸清客户的信贷需求，加快小额信用贷款投放力度，切实满足县域内城乡居民生产经营、家庭消费资金需求，为建设农业强、农村美、农民富的美丽乡村作出重要贡献。到 2018 年末，农合机构发放农户小额信用贷款 8595 亿元，同比增长 7.3%；扶贫小额信贷余额达 1660 亿元，同比增长 18.7%。同时，农合机构将扶持特色产业发展作为助力乡村振兴的关键载体。立足本地特色产业发展情况，聚焦规模种植、大棚种植、水产养殖、高效园艺、高效农业等特色产业，加大对家庭农场、种养殖大户、专业合作社等新型农业经营主体的信贷投放，充分发挥新型农业经营主体带动作用，实现小农户和现代农业发展有机衔接，让农业经营有奔头、有比较高的收益，在实现“让农民成为体面的职业”的道路上扮演了重要角色。到 2018 年末，农合机构涉农贷款余额 9.6 万亿元，普惠型涉农贷款余额约占银行业全部普惠型涉农贷款余额的 70% 以上。比如，江苏盱眙农商银行坚持因地制宜，按照“一村一品”发展战略，共开发出观音寺西瓜、三河草莓、维桥火龙果等一批特色品牌。

（二）服务民营小微迈向高质量

深刻认识到做好小微企业金融服务的重大意义，深入贯彻落实监管部门关于“瘦身强骨”的计划要求，依照专门制定的监测和考核指标体系，实现从“高度重视”向“落地生根”的转变。通过制订独立的信贷计划，完善绩效考核方案，推行内部资金转移价格优惠措施，安排专项激励费用，细化尽职免责办法，农合机构着力激发基层员工做好小微企业金融服务的积极性。为助力小微企业更好更快地发展，农合机构摒弃“贪大图强”粗放式经营理念，坚持精准滴灌普惠式营销，积极融入地方发展大局，围绕“保存量、扩增量”要求，加强与企业的对接，不带“有色眼镜”，坚持扶弱与助强并重，为企业雪中送炭、雨中打伞。到

2018 年末，农商银行小微企业贷款余额为 69619 亿元，占全国银行业金融机构的 21%，全年累计增长 9648 亿元，增速达到 16.1%。

二、金融供给模式不断优化

经济是肌体，金融是血脉，两者共生共荣。只有血脉畅通，国民经济才能持续健康发展。2018 年以来，农合机构顺应金融服务需求多元化、综合化的发展趋势，精准把握客户个性和需求，充分发挥自身优势，进一步推进体制机制改革、完善金融基础设施和提升客户体验，以多元金融供给提供更具针对性、差异化的服务，推动金融服务覆盖率、可得性和满意度不断提升。

（一）体制机制不断优化

到 2018 年末，全国农合机构法人数量达到 2269 家，占中国银行业金融机构数量的 49%。其中，农商银行 1427 家，同比增加 165 家，占农合机构法人数量的 63%，农合行和农信社分别由 2017 年的 33 家和 965 家减少到 2018 年的 30 家和 812 家。随着农信社、农合行改制为农商银行工作的稳步推进，农合行和农信社法人数量不断减少，以农商银行为主体的农合机构体系正逐步形成。

农合机构积极深化体制机制改革，持续推动“三农”事业部及专营支行的建设，推动特色化、高效化金融服务不断发展。为切实满足客户住房需求，江苏农合机构加快设立一手房、二手房按揭中心，同时增强与当地住建部门的沟通协调，积极取得监管账户中心的代理，实现资金与业务同步提升。为适应“三农”和小微企业“短、频、急”的融资需求和灵活多样的金融服务需求，部分农合机构设立“三农”、小微企业、普惠金融等事业部，通过赋予事业部在经营管理、信贷管理、激励约束等方面一定的自主权，进一步下沉服务重心，切实加大对“三农”和小微企业的信贷投入，做大做强、做专做精“三农”和小微金融业务。

少数农合机构加速投资入股非银行金融机构，通过获取多元化金融牌照力求形成全链条金融服务体系，不断提升服务实体经济的质效。2018 年以来，广州、深圳、南海、重庆等 10 家农商银行参股金融租赁公司。吴江农商银行获准设立消费金融公司。

（二）基础设施不断优化

农合机构持续在电子银行和网点建设上下功夫，逐步建立了“布局合理、功能完善、特色鲜明”的管理服务体系。

一是优化线下网点建设。面对客户群体多元化、服务需求多样化、服务工具差异化的发展形势，农合机构综合考虑客户种类、客户流量、业务特点、业务规模等因素，积极探索网点转型，对网点进行分类定位，对功能区域分类优化，实现分层服务，依托智能机具、智能系统建立多层次、差异化的网点网格体系，推动网点从“同质型”向“差异型”转变，从“人工型”向“智能型”转型，从“交易型”向“营销型”转变。积极适应城乡一体化推进步伐要求，根据农村农户集聚特点的变化，坚持人流量导向，及时调整并优化原有的服务内容和站点布局，从最初的小额取钱功能逐渐拓展至包括存取款、残破币兑换、转账汇款、水电费缴纳等多项功能，确保农户足不出村，便能享受到便捷的终端服务，把“最后一公里”缩短至“最后一纳米”。

二是推进电子渠道建设。农合机构高度重视电子银行工作，并将推进电子渠道建设作为提升客户体验、获客渠道的关键抓手。2018 年以来，农合机构持续加大三方支付、扫码支付、电子银行场景建设、社保卡、贷记卡等重点领域的投入，加快手机银行增值业务导入，不断在产品丰富程度、智能化程度和客户体验上下功夫，在手机端、移动端打造全景化的民生服务生态圈，构建移动金融服务新模式，提升产品渗透率与覆盖率，逐步培养客户使用电子银行的兴趣。2018 年，北京农商银行、厦门农商银行、江南农商银行、深圳农商银行、漳州农商银行、杭州联合农商银行的柜面交易替代率均达到了 90% 左右。

三是不断完善场景应用。部分农合机构抢抓政策机遇，加强与政府对接，积极代理社保卡发行，并以社保卡为依托推行异地取款、转账免费等活动，搭建涉及社保、医保、医疗挂号、公交出行、涉农资金代发等一系列贴近民生的场景，在全力推动社保卡激活率的同时有效减少了客户在办理相关业务的等待时间，让更多的客户多走网路、少走马路；部分发行信用卡的农合机构，在做大贷记卡客户规模的基础上，布局信用卡在 ETC、公交、医疗、社保、旅游、出行、商圈等领域的场景应用，并以分期业务为抓手，打造场景细分产品体系，形成覆盖客户人生重要场景的完整消费链。

（三）客户体验不断优化

农合机构坚守农村主场，积极拓展城乡客场，打破银行传统的等客上门营销方式，大力推进活动搭台、网格覆盖式的精准化营销模式。无论是社区居民还是市场商户，无论是重点项目、企业还是财政事业单位，无论是田间地头还是村口街道，坚持走访到位、营销到位、服务到位，通过“地毯式”营销宣传，确保实现存贷款、电子银行等相关主营业务宣传全覆盖。比如，江苏农合机构积极推行工作人员星级管理，设定等级考核指标，实行百分制考核，按月统计、按季通报、按年考核，将等级结果与其岗位工资报酬和业务权限相挂钩，提高信贷人员的工作积极性。同时，推出“信贷服务五公布”，通过公布服务区域客户经理姓名、联系方式、服务区域、监督电话、服务承诺，实行一次性告知和首问负责制，着力解决服务效能上的“冷热症”，真正拆除银客之间的“篱笆墙”。

部分农合机构对客户实行专人专管、定制营销，并通过对商户实施名单制管理，制作电子营销地图，进一步提升客户的体验感与获得感。通过走访收集到的“第一手”信息，重新核实完善农户的户籍、财产、经营、收入等信息，实现对客户的动态管理，及时摸清客户的信贷需求和客户的群体分类，达到走访与营销同步推进的良好效果。全力扫除客户在金融知识上的“盲点”，积极开展“金融知识进万家”“金融知识万里行”等活动，通过沿街设立宣传点、外拓扫街扫楼，将金融产品、金融知识和金融服务送进村组、社区、楼宇、门店、园区，为辖内农户、商户和小微企业提供全方位的金融服务，真正架起农合机构与农户、商户、企业之间沟通的桥梁。

三、金融产品创新持续开展

创新金融产品是农合机构提高服务水平和竞争能力的重要基础，也是满足当前农村金融服务需求新变化新特点的必然要求。各地农合机构不断整合现有金融资源，全力推进金融产品创新，在支持农民、农业和农村发展中发挥了主力军作用，同时也有力促进了自身的高质量发展。

（一）负债类产品持续创新

吸收存款是农合机构的一项传统业务，对农合机构经营活动的开展具有十分重要的意义。为顺利开展好增存稳存工作，夯实支农基础，农合机构不断加大负债类产品创新，实现三项转变。

1. 从产品导向向客户导向转变

农合机构加快补齐产品辨识度不高且客户体验不佳的短板，通过综合分析所在地区的经济发展情况、人口分布情况、生产消费条件，特别是加强对目标客户的储蓄动机、理财习惯、资金流动和收入情况的分析，并在充分细分的基础上进行产品设计。比如，重庆农商银行专门面向16周岁以下未成年人发布专属银行卡，并以此卡为载体开发了三款特惠储蓄产品：一是江渝压岁宝，为一年期整存整取定期存款，基准利率上浮40%，起存金额50元，只在春节期间发行；二是江渝助学宝，为三年期整存整取产品，利率上浮30%，起存金额50元；三是江渝零钱宝，一年期零存整取，利率上浮40%，起存金额50元。

2. 从单一产品向多元产品转变

农合机构在客户、期限、利率、提取方式等基础上，进一步细分对公及居民储蓄类产品结构，增强在凭证的样式、利率的优化、配套的服务和附加服务方面的能力，切实满足不同层次的理财需求，在帮助客户实现资金收益最大化的同时推动存款稳步增长。以利率设置为例，江南农商银行通过差异化定价产品，努力形成对其他同业的比较优势，有效提升市场竞争力，健全“步步唯盈”产品体系，打造涵盖整存整取、活期、零存整取、存本取息等建立在基础定期产品上的账户增值产品的产品体系，实现利率市场化产品的利率定制、区域定制、客户定制的目标。

3. 从传统营销向高端营销转变

部分基础条件优越的农合机构为了优化服务、抢占市场，在传统存款服务项目基础上将功能拓展、资产管理服务等要素内嵌到产品定义中，不断形成“存款 + 理财、存款 + 基金、贵金属”等面向高净值客户的产品体系，并逐步推出包括优先服务、优惠费率、增值服务、生日礼遇、理财顾问等多项特色贵宾服务内容，努力为中高端客户提供专属化、个性化、差异化服务，不断向更高价值的市场拓展，推动负债产品持续更新换代。比如，东莞农商银行针对不同风险承受能力的客户群体，发行多种投资产品组合，以满足高端客户个性定制、多样化的投资需求。

（二）信贷类产品持续创新

农合机构不断提升政治站位，探索并完善具有地方特色的产品体系、简便快捷高效的信贷流程、线上线下并行的服务渠道，持续为支农支小工作的深入开展提供强有力的产品支撑。

1. 党建引领，产品创新站上了新高度

农合机构坚持“党管金融”原则，深入贯彻落实党中央、国务院关于推动“大众创业、万众创新”的决策部署，将服务广大创业创新企业生产经营作为产品创新的出发点，积极组建信贷资金专业服务型党小组，选派优秀党员深入基层，加强行业调研，指导引领创业创新，真正把党的建设与产品链、业务线、客户群等业务拓展有机结合起来，为产品创新注入红色血液。比如，邳州农商银行结合当地扶贫情况，开发“润和”裕农、“润和”惠农、“润和”富农等系列扶贫贷款产品，为贫困户增收脱贫铺路，努力实现精准扶贫、精准脱贫。盱眙农商银行将扶持青年创业嵌入到“团银企”合作蓝图中，推出信用发放、利率更低的“青商贷”，为青年企业家送去专享“福利”。

2. 变道超车，产品创新跑出了加速度

农合机构持续在互联网金融方面发力，积极借助新技术的应用和新商业模式的创新来超越传统银行模式，实现跨越式发展。为进一步缓解信息不对称的劣势，拉近与客户的距离，部分农合机构主动试水互联网金融，通过对接人社、国土、规划等部门，搭建普惠金融平台，综合利用大数据，积极推进线上产品研发，建立普惠式、智能化、便捷化的移动金融服务体系，实现线上与线下申贷，办贷全覆盖。比如，亳州药都农商银行惠普型个人信贷新产品——“金农易贷”，经过两年的摸索发展，如今共整合使用当地 58 家政府单位、560 类行政数据、20 多亿条信息，融合客户线上自助借款申请、系统自动受理、自动授信评级、自动利率定价、自助用款还款的功能，实现对客户的精准画像，为增量扩面工作按下了快进键。泗洪农商银行、洪泽农商银行、盱眙农商银行也相继推出符合地域和自身实际的线上金融产品，成功抢滩互联网金融，提升客户体验，逐步从“跟跑者”向“领跑者”转变。

3. 依托产业，产品创新提升了精准度

在同质竞争日趋激烈的新形势下，只有定位准确的产品才能更有效地抓住客户。农合机构充分发挥紧贴基层优势，加大对辖内各大龙头产业的研究分类，依托产业的上下游，拉长信贷服务的产业链，逐步覆盖农村产权融资、新型农业经营主体、生产发展、改善生活安居乐业等重点领域，以此开发信贷品种，实现精准滴灌。针对新型农业经营主体，加强与当地政府的合作，收集当地新型农业经营主体信息，确立主办行制度，推出农业职业经理人专项服务方案，并以“大产业链”为基础推行现代农业整体服务模式，依托农村土地综合整治项目主动介入打造农业产业生态园区项目，对入驻的农户提供配套融资服务，一个园区配备一名客户经理跟踪服务；围绕农药、化肥、籽种等行业大户，将上下游主体串联成一个整体，给予统一的批量授信，以“1 + N”模式为农民增强融资提供便利。

第十章　顺应金融科技发展趋势 强化数字科技引领作用

2018 年，农合机构深入贯彻落实国家创新驱动战略，积极拥抱金融科技，不断加强大数据、云计算、人工智能等现代技术应用，针对“三农”和小微企业个性化、差异化、定制化需求，通过增强业务系统支撑保障能力、加快互联网金融平台建设、探索大数据支撑的产品服务开发、实施服务渠道智能化转型升级等，降低融资成本，提升金融服务的精准匹配能力。借助金融科技赋能，优化服务流程和方式，优化授权授信机制，合理确定贷款额度、利率和期限，提升服务效率，推动农村普惠金融发展。

一、发挥省联社主导作用，提升科技保障能力

近年来，各地省联社依托大平台的聚合优势，根据所辖农合机构业务需求，有重点地进入科技系统建设、互联网金融生态培育等领域。比如，江苏省联社为缓解辖内农合机构的存款流失压力，从 2018 年起，试点数字化营销平台，通过精准流失预测与有效客户干预推动营销转型；浙江省联社在 2018 年立项建立金融试用云，以此为业务发展提供基础硬件、软件支撑，为辖内农合机构减少重复投入、更专注于产品营销提供便利。2018 年以来，各地农合机构积极应对经济新常态，大力推动金融科技快速发展，大数据、云计算、人工智能、区块链、智能终端、移动互联等新技术逐步在农合机构落地生根，农合机构各类业务以及业

务流程持续优化，科技投入已成为农合机构转型发展的关键词。

（一）聚焦创新驱动，科技投入占比高于行业水平

中国银行业协会发布2018年“陀螺”（GYROSCOPE）体系评价结果，其中体系智能化能力披露了各家银行在金融科技方面的真实投入。数据显示，上榜银行的金融科技投入占总营业收入的比重从1%提升至2%，排名前5的银行都超过了2%，排名首位的平安银行为2.98%，排名第二位的光大银行为2.71%。农合机构对于金融科技的研发投入越来越大，比如厦门农商银行、北京农商银行、成都农商银行的金融科技投入占总营业收入比重较高，分别为2.89%、2.64%和2.64%，这一指标远高于上榜银行1%～2%的平均水平。

（二）聚焦技术赋能，金融科技多平台生态圈逐步形成

目前，金融科技对银行业金融机构的重要性已经获得广泛认同，这不仅源于互联网金融对传统商业模式的冲击，也因为监管环境发生变化及机构自身转型的需求同样在呼唤科技加持。以综合业绩较为突出的上市农商银行为例，有6家上市农商银行2018年启动了金融科技方面的对外合作，广州农商银行、无锡农商银行分别与京东金融、百度金融达成合作协议，蚂蚁金服智能风控系统被引入重庆农商银行“智慧银行”的建设当中，紫金农商银行与京东金融等近30家银行共同成立了商业银行零售信贷联盟，常熟农商银行名为“周转”的产品也得益于与腾讯理财通的合作，顺德农商银行与阿里云智能合作打造金融数字化新样本。已与微众银行建立合作的农商银行有上海农商银行、重庆农商银行、成都农商银行、深圳农商银行等。具备传统银行牌照的农商银行与外部金融科技公司的开放式紧密合作的金融科技生态圈逐

步形成。与此同时，农合机构也借助外部力量丰富自身产品谱系和服务能力，满足客户多元化需求。近年来，金融领域客户消费需求正跟随实体消费习惯进行升级，为适应市场竞争趋势，农合机构开始逐步引进外部机构的跨界产品和服务，与自身的传统金融产品打包或作为增值服务提供给客户。比如，与公积金中心、社保中心等政务或公共服务平台合作，建立数据交互接口，客户通过网点、网银和手银渠道皆能实时查询公积金和社保数据，实现了多层次的数据查询服务；与京东商城、滴滴出行等功能型互联网平台合作，引进合作方完善的商城或出行服务，加载在银行自有的手机银行、网上银行等电子渠道，增加客户黏性。

（三）聚焦人才战略，重点布局生态与场景应用

农合机构从长远发展的角度出发，谋划人才引进和培养，加快培育金融科技等战略性科技创新人才，优化科技人才引进模式，不断加强专业领域领军人物、双一流院校硕士毕业生等高素质人才引进，储备优秀后备科技人才，充实中高级人才队伍，形成与自身发展战略目标相适应的科技人才梯队结构。建立以创新为导向的人才培养机制，加强对创新型、复合型人才的培养力度，保持科技队伍对前沿技术、先进管理方法的敏感性和熟练度，进一步提高科技核心竞争力。通过内部培养和外部引进的方法，实行滚动式人才培养模式。持续加强学习培训，不断提升业务技能，形成业务技术过硬的高素质信息科技人才队伍。

1. 建立科技人才团队，为数字化转型提供保障

人才是创新的基石，农合机构最需要两类科技人才：一类是熟练掌握新技术的专家型人才，另一类是集技术与业务的理解于一身的复合型人才。传统的银行 IT 人员在这两方面都有所欠缺，农合机构需要采用重点攻坚项目锻炼、技术研究团队互助、业务

与科技人员定期轮岗、外部行业专家引入等方式，造就一流人才，使之成为金融科技创新的中流砥柱，在这个过程中也可深化业务与科技的相互融合。2018 年以来，农商银行发展联盟推动了“构建联盟金服智能中心”项目计划，重点打造全方位联合风控实验室。根据不同类型的人才队伍，匹配相应的培训模型，赋予专业技能，精进核心技能，提升履职能力，从而打造业务人员、模型人员、数据人员三大类人才体系。

2. 努力跨界合作，实现科技人才培育弯道超车

随着大数据、云计算、AI、5G 等技术在金融行业业务创新领域的快速应用，农合机构对科技人才的需求日益紧迫，传统“请进来、走出去”人才引进培养模式已经不能满足转型发展的需要。近年来，农合机构在科技人才队伍的建设上，将视野扩展到具备行业前沿技术的互联网科技公司，通过跨界合作，联合开发，在全面合作的过程中实现自身科技队伍的发展壮大，实现科技人才建设弯道超车。比如，顺德农商银行与华为公司在深圳签署战略合作协议，双方将以优势互补、互惠互利、共同发展为目标，在数据中心建设、企业级私有云和公有云、大数据、人工智能、物联网等方面开展更多的技术合作。江南农商银行与腾讯签署了共同成立“新农村金融科技实验室”的协议，双方将在新农村金融科技领域相关的先进技术、产品和服务方面，开展多维度、多层级、多角度的深入合作，腾讯将在新农村金融科技领域最大化输出自身的创新能力，主攻金融业务和科技产品服务、全方位金融智能技术服务、金融创新业务联合拓展三大方向。

3. 强化组织配套，支撑金融科技人才发展

近年来，农合机构进一步加强组织文化与管理机制建设，配套创新的符合金融科技发展趋势的组织形式、管理机制和考核激励机制。比如，紫金农商银行和成都农商银行通过设立专门的部

门，使金融科技支持的业务创新更加贴近市场，在人才机制、研发方式等方面更加独立、灵活，以快速响应客户需求。

中小银行互联网金融（深圳）联盟《中小银行金融科技发展研究 2019 年度报告》显示，农商银行金融科技发展已不再仅仅局限于战略和技术接触层面，农商银行已经充分认识到金融科技对业务发展的重要作用，并从“要做”转向“快做”，部分领先银行在零售、小微金融等应用领域已经有一些成功的探索，在战略、应用和生态三个维度的评价中农商银行评分较高。这表明，在机构管理层已经普遍认可金融科技应用价值的基础上，农商银行有重点地布局了渠道、产品和风控，同时部分农商银行也能够围绕自身核心业务，为客户提供个性化衍生服务。

上市农商银行年报和相关公开信息显示，根据定位和业务特征，上市农商银行和省联社都已经在开展生态构建、场景挖掘等方面的工作，同时也都纷纷推进社会化协作，通过与外部机构合作摆脱人才、技术等因素制约，进一步提升自身金融科技实力，强化金融科技的战略与实践。比如，常熟农商银行 2018 年累计投产上线金融科技项目 104 个，同比增长 38.67%。在持续优化手机银行以及提升业务流程化、移动化和线上化的基础上，常熟农商银行升级了核心系统，启动了新一代分布式应用平台建设，使业务办理效能有所提升。常熟农商银行还运用大数据技术提高风险管理水平，并将数据资产沉淀到业务中台，打造以客户为中心的数据全景视图。江阴农商银行更关注金融科技对业务开拓的促进作用，在 2018 年搭建了智能对公业务、数据治理、票据业务、零售内评等管理类平台系统，以场景带动精准化高效营销，提升精细化运营水平。苏州农商银行更是完善了与科技相关的组织架构，根据战略规划要求增设交易银行部、数字银行部、战略客户部等一级部门，积极推动向零售银行、轻型银行、智慧银行和特色银行的全面转型。

二、着眼核心系统，健全科技服务体系

（一）强本固基，系统服务能力不断提升

农合机构在稳步运行基础上，加快推进核心系统升级改造。按照以客户为中心、新产品快速发布、交易与核算分离、多维度核算支撑、分布式技术平台的方向，进一步推进新一代核心账务系统优化升级。部分农合机构先行先试，上线了新一代核心系统，通过开发多级账户管理体系、产品丰富性、个性化定制等功能，有力推进以客户为中心，产品多元化、快速响应市场的综合化金融服务体系建设，满足业务创新、特色化经营、精细化管理等系统支撑需要，大大提升了客户服务能力和市场响应速度。同时，加快关键应用系统和重要业务渠道升级改造。农合机构注重应用系统开发与优化并举，完善了渠道服务、客户营销、金融产品、财务及风险管理、公共基础、后援支撑等各类信息科技系统，有效保障了业务快速发展。持续对存款系统、贷款系统、结算系统、卡系统等进行升级改造，优化系统架构，使系统功能更加全面、业务拓展更加灵活、客户体验更加愉悦。持续优化网上银行、手机银行、微信银行等电子渠道系统，不断丰富金融服务体系。部分农合机构搭建完善流程银行系列应用，实现了柜面交易前、中、后台的分离，提高了操作风险技防水平。

（二）多元发展，金融服务渠道持续优化

1. 网上银行稳定增长

根据服务对象的不同，网上银行业务可细分为个人网上银行和企业网上银行。从总体客户及交易情况看，农合机构网银业务

发展态势稳固。随着农村、郊县（区）个人客户使用习惯向移动端的进一步转变，农合机构电子银行用户及业务结构同步调整，个人客户及交易进一步向手机银行转移，企业客户数量及交易占比继续增加。根据 2018 年商业银行稳健发展能力“陀螺”（GYROSCOPE）评价蓝皮书，在同时开通网上银行和手机银行的个人用户中，选择“小额使用手机银行，大额使用网上银行”“首选网上银行，外出使用手机银行”“查询用手机银行，资金交易用网上银行”等的用户占比均较 2017 年继续提升，这表明在用户习惯和使用场景上，网上银行与手机银行场景互补、分工明确。2018 年，云服务在农合机构网银建设中的作用不断凸显。与上海、北京、重庆等发达地区农商银行采用的高成本自建模式不同，处于长尾端的中小型农合机构更青睐云服务托管模式，通过委托农信银等服务机构搭建网银系统，间接补齐自身科技力量相对薄弱、科技系统尚未完善等方面短板。2018 年，仅农信银共享网银平台一家，就有 18 个省、区、市范围内超过 4.3 万家农村中小金融机构网点参与使用，农信银将在此基础上进一步推出大数据风控、网络信贷等配套系统服务。在拓展网银客户规模的同时，我国农合机构也不忘在优化与创新网银业务功能上下功夫。2018 年，普陀农商银行通过搭建“丰收购”平台，引入和助力冠素堂、渔婆婆等舟山本地特色商户，优化自身网银渠道发展建设，企业网银有效客户服务覆盖率和电子银行替代率显著提高，分别达到 34.03%、57.85%。东莞农商银行深度践行普惠金融服务，助力地方实体经济推进网上税 E 贷、小微云贷、租房云贷等线上小微贷业务，利用大数据与智能化技术实现“小微贷线下批发 + 线上云端获客”，完善网上银行业务及服务功能。上海农商银行定期对网银等关键电子银行渠道系统进行安全测评，根据检测结果和客户建议，在系统和功能层面完善安全管理，包括丰富密码复杂性、优化短信验证规则等。

2. 手机银行蓬勃发展

随着我国农村经济发展与移动互联通讯应用技术的深度结合，为顺应农村地区用户使用习惯的移动化趋势，农合机构电子渠道重心进一步向手机银行倾斜，以财富管理、在线贷款和移动支付为核心业务，利用线上渠道运营优势，突破时间和空间的限制，全天候、全功能地将金融服务送进农家。农合机构手机银行业务增速喜人，并呈现出以下发展特点。一是财富管理能力不断增强，半数以上的客户通过移动渠道购买理财产品，基金、保险等代销产品的销量也不断往移动端迁移。二是在线贷款的入口作用凸显，部分先进的农商银行已经支持存量客户或指定客群在手机银行申办贷款业务，如上海农商银行、重庆农商银行、成都农商银行等。三是移动支付成为标配，跟随中国银联的“云闪付”推广战略，农商银行或独立对接银联打造手机银行移动支付功能，或通过农信银一键接入。四是安全管理加强，提升用户体验。通过在手机银行的部分核心业务流程环节，引入人脸识别、活体检测等客户身份校验手段，提高手机银行的安全性与简便性，主动响应客户需求，不断丰富线上场景，为客户带来更加安全、完善、快捷的个性化移动银行服务。

3. 直销银行创新尝试

2018 年以来，农合机构加快完善直销银行基础设施建设，并协同布局创新业务发展。一方面满足监管要求，补齐基础设施短板。加强对直销银行客户身份的识别和鉴权，做到在开展业务前充分认识客户；通过人脸识别、人工审核、银行卡要素鉴权、I 账户标志位获取等多种手段，确认客户开户、办理业务的意愿及真实性。另一方面明确定位，创新业务与传统业务形成互补。继续发扬直销银行开放、高频、便捷等优势。对内，加强与传统营业网点、电银渠道的互补互助，嵌入传统渠道，带动业务协同发展。对外，根据当地的人文、地理和经济环境，制定差异化的合作解决方案，用创新驱动“三农”等特色服务发展。

4. 加速智慧银行建设

2018 年以来，农合机构在优化网点布局和轻型化建设的同时，运用智能机具处理绝大部分个人和公司业务，利用智能设备等新金融科技推进网点传统柜面业务离柜化，提升业务办理效率、降低银行成本，智能化服务格局日渐成型，为客户提供全方位支持和一站式服务。农合机构能够通过优化和完善业务再造，推动银行现代化智能发展，努力突破时间、空间和地域的局限，延伸到全天候和无空间的全新智能服务模式，进而实现服务渠道的延伸和扩展，满足客户快捷性需求。

三、主动作为，逐步健全网络安全体系

（一）将信息科技风险纳入全面风险管理体系范畴

大部分农合机构根据业务发展战略、总体风险管理策略，制定覆盖信息科技各个领域的信息科技风险管理策略、规范和流程。建设完善信息科技风险的管理组织架构，构建职责清晰的信息科技风险管理“三道防线”，推动信息科技风险管理纳入全面风险管理框架。全面落实监管部门对信息科技风险防控的要求，从依靠技术手段防范风险逐步向建立体系化的信息科技风险管理转变，进一步筑牢信息科技“三道防线”。

（二）完善科技金融安全体系建设

参照国家规范和建设标准，按照安全可控要求，建立并完善自身安全体系建设。推进信息资产分类，建设科技资产管理平

台，逐步推进信息资产识别和分类、分级工作，建立信息资产分级标准、规范，明确安全策略和保护要求。加强外包管理，进一步深入探索适合农合机构自身特点的外包战略规划、管理机制、过程控制、合作机制、岗位设置和资源储备等，实现对外包商、外包人员、外包合同的有效管理，降低外包风险。

（三）强化信息系统应急处置能力

农合机构不断完善业务连续性管理框架，健全应急处理制度、流程、方法，加强灾备体系建设和应急演练力度，全面实现灾备应急处理的常态化管理，提升应急保障能力。健全应急处理机制，建立健全应对突发事件的预警、报告、决策、指挥、响应、退出等环节的应急处理机制，制定并不断完善预案管理制度。

（四）提升数据风险控制水平

一是数据安全意识进一步增强。农合机构深刻认识到大数据应用中存在的运维风险，牢固树立没有数据安全就没有信息安全的理念，将数据安全管理贯穿数据生命周期的全过程。2018 年以来，农合机构有效推进信息安全标准化体系和信息安全应急管理机制建设，完善数据中心、数据存储、网络互联、安全加密、数据交换、安全认证、客户服务方面制定标准，积极制定与网上银行、移动银行、电子商务等创新产品相适应的标准和规范。比如，浙江农合机构通过实施“丰收信用工程”，完善了省市县三级信用体系，并通过银政、银村、银农、银商、银企共建活动，整合行业和产业信息资源，充实金融信用信息数据库，提高普惠金融信息化水平。通过开展信用户、信用村、信用乡镇、农民专业合作社、个体经营户信用等级评定，提高农合机构行业数据挖掘和数据资产利用率，推进区域经济活动主体信用意识的改变。

二是数据安全技防水平有效提升。农合机构在探索大数据支撑产品服务开发的同时，正确认识并主动应对安全威胁，重点防范外部攻击，通过优化信息安全技术防御体系，在物理安全、网络安全、系统安全、应用安全、操作安全等不同层面，完善身份认证、访问控制、资源管理、日志分析、操作审计等安全功能，提升数据安全保障体系的有效性。

三是数字过滤风险能力持续提升。通过集合自身各类业务数据、人行征信数据、各类涉诉信息、公开的失信人名单等信息，实现贷前准入的不宜客户拦截、授信额度的匡算、贷后风险的预警等。大数据在风控中的实践与应用，有效地改观了农合机构传统管理中的“经验主义”，将“人防为主”改为“技防为主”，实现“人防”与“技防”的有效结合，大大促进了工作效率的提高。比如，江苏常熟农商银行 2018 年创造性地引入“飞燕风铃”大数据风险预警系统，成功实现信贷风险的多维度管理。通过采集人行、银监、法院、工商、地方征信等多个政府部门的公开数据，结合银行自身数据进行整合梳理，依托自身风险管理要求和历史经验，结合信贷专家经验，梳理一套风险规则体系，建设风险预警主动触发和处理机制，设计不同预警级别及处理流程。设定风险分层审批流程，做到风控与效率兼顾，在贷前、贷中、贷后分别应用嵌入式系统，贷前、贷中提供不良客户的风险拦截和客户的风险提示，直接拦截黑名单客户、失信执行人、老赖等不良客户，贷后对企业客户进行非现场分析，筛选潜在的风险客户。

四、“互联网＋”，数字驱动创新引擎

当前，“互联网＋”正快速重构着人们的生产生活方式，移

动支付、社交网络、大数据、云计算等金融科技在金融产品创新、业务模式变革等方面的应用呈现出井喷式发展态势，农合机构发展和应用金融科技势不可当。2018 年以来，农合机构始终坚持差异化市场定位、坚持科技驱动发展、坚持合作共赢、坚持产业融合发展，聚焦数字化普惠金融，抓住数字经济发展机遇，积极探索多重赋能型数字化生态银行建设，升级金融服务实体经济的模式。

（一）建立数据应用平台，为数字化转型夯实基础

一是整合有效数据资源。重视数据价值，整合各个业务板块的数据资源，将每天产生的各种业务数据和交易数据进行有效获取、分析、应用和评估，并进行结构化数据集中存储，建立起一个集成化、不易失的数据仓库。比如，德清农商银行深入贯彻“数据即是资源”的理念，持续深化定量分析项目，坚持夯实数据基础、打造专业团队和推进项目落地的思路，对原始数据展开探索性挖掘与分析，创造性地将数据挖掘运用到客户维护、服务转型和风险防控等方面，逐渐实现从“以产品为中心”向“以客户为中心”过渡，为客户打造全新的服务体验。

二是构建全面数据视图。引入外部数据，结合内部数据资源进行标签化、资产化和场景化管理，形成可用于管理和应用的数据资产，建立起一个完整的数据基础平台，构建全面的大数据视图。比如，江南农商银行为丰富客户视图，提升客户识别能力，从外部多渠道引入数据，进行多维度客户信息采集、解析及标准化整合，建立了内外部数据有效融合的信息管理平台，为银行营销、风控、信贷管理、客户生命周期管理等提供丰富的数据服务，为整体业务发展、数字化转型提供有效的技术和数据支撑。

三是构建数据分析模型。在数据仓库的基础上，对数据进行

梳理、分析，开发建设数据定量分析平台，针对各个业务场景建立各类业务管理、业务营销和风险管理分析模型，包括客户 360 度统一视图、客户细分、业务监控报表，为下游数据应用奠定基础。比如，东莞农商银行 TDH 大数据基础平台，内部数据几乎囊括客户所有的核心价值。这些数据之前仅仅是作为会计账务及其附加流水信息而保存，而一旦通过大数据进行数据挖掘整理后，便能够获取背后的规律，进而提升盈利能力，创造经济价值，真正实现数据资产化。

（二）深化科技运用，发挥数字普惠金融引领作用

一是“普惠”与“智慧”并举。充分利用互联网、大数据、人工智能等新技术重塑产品体系、业务流程和服务模式，一揽子解决客户贷款融资、支付结算、日常缴费、投资理财等多样化金融需求，全面提升普惠金融服务的信息化、网络化和智能化水平，大力推动以互联网金融为核心的现代化金融服务向农村地区延伸和普及。通过着力构建运行高效、互助共享、线上线下同步发展的普惠金融产品体系，实现目标客户的精准识别、精细管理、精确服务。

二是充分运用大数据、移动互联等新技术，做好模式创新、体制创新、产品创新，打造智能化、线上化、综合化、专业化的服务体系，按照低平台、短流程、高效率的原则，实现小微金融从融资服务向综合金融服务转变，全面提升客户体验，实现小微业务持续、稳定、健康发展。开发具有“三农”特色的互联网金融服务渠道，构筑电子支付渠道与固定网点相互补充的业务渠道体系，实现线上线下 24 小时无间断服务。探索建立以互联网为基础的集中统一自助式动产、权利抵质押登记平台，探索开展动产质押贷款业务。由地方政府牵头协调，农合机构为主导，加快

农村大数据建设，借助互联网、大数据、人工智能等金融科技，在继续完善丰富当地农合机构特色的信贷新品种基础上，加大纯信用贷款、应收账款质押、产业链融资等信贷产品的创新开发力度，加快网上“申请、受理、审批、放款”全流程自助贷产品的开发上线，进一步拓宽业务发展空间。比如，上海农商银行结合自身需求与数据架构，建立全行统一的大数据平台，对结构化、半结构化和非结构化数据集中采集、加工、分析和应用，完善数据生命周期管理。

三是打造“数字小微金融”，构建客户风险量化评估与批量化、线上化作业体系，持续推进小微业务线上开放式服务，提升小微金融服务效率与水平。基于大数据平台，逐步建设基于离线数据分析、实时数据处理、数据挖掘、机器学习等内容的多场景分析应用系统，构建起可应用于数据分析与挖掘的数据建模技术支撑体系，并配套建立起数据分析流程，规范强化使用、运营大数据平台的能力，以更好推动业务创新，提升核心竞争力。大数据平台的建设，有效分散传统系统压力，降低系统运营成本。

（三）推进人工智能，开启智慧银行新天地

2018 年以来，农合机构智慧银行依托大数据、人工智能、生态识别、物联网等技术，从点到面、从基础到应用，在数据基础、营销服务、风险管理等方面都取得长足发展。

1. 明确发展规划，实现数据“智慧”共享

一是积极推进客户业务办理自助化。将大量传统业务转移到电子渠道，使客户可以随时随地自助办理存贷款、支付结算、投资理财、电子商务等业务，提高金融服务的便利性。

二是积极推进管理决策智能化。将管理政策、产品定位、业务流程、风险控制和管理要求融入信息系统，全面提升业务经营

管理水平。

三是积极推进数据共享自动化。比如，湖北省联社出台全省农合机构智慧银行建设方案，明确了智慧网点、智慧产品、智慧营销、智慧信贷、智慧风控、智慧管理和智慧平台七大领域、40 项建设内容，推动系统间的数据互联互通互用，建立信息数据共享平台，为业务发展、风险防控和内控管理的智能化提供信息和数据支撑。

2. 创新“智慧”产品，提供“智能”厅堂服务

通过使用智能终端等科技手段，广泛提升服务覆盖率，实现智慧交互、智能感知，增强银行与客户的互动。推进传统营业网点智能化改造，在营业网点配备一系列智能设备，提供远程叫号、到店提醒、身份识别、智能填单、信息采集、自助发卡、自助回单、产品展示等服务，将柜员推向大堂，最大限度地引导客户自助办理金融服务，促进营业网点由交易核算型向营销服务型、由人工服务向自助办理转变。2018 年 3 月，北京农商银行首家智能银行金融旗舰店在朝阳区十八里店开始营业，该网点通过改造传统服务模式，利用自助设备和智能导航工具，将各类创新型金融产品和服务以全新的形式在线下予以展示，整合自助签约、自助交易、业务预填单、联网排队、营销宣传等功能，提供服务区智能导航，引入生物识别认证技术（指纹、人脸、虹膜等技术已经应用于手机银行、自助设备），为客户提供一站式服务，为客户带来耳目一新的体验，逐步向智慧银行过渡。据测算，北京农商银行的智能银行可以办理该行 90% 以上的柜台业务。智能银行是一个生态系统，包括自助终端、回单打印机、智能柜员机、票据受理机、汇款缴费机等，还有多款电子银行体验设备。各设备等同于业务处理人员，省去了传统办理业务模式的纸质填单环节，客户可通过设备自助办理一系列常见高频业务。智能银

行突破了传统物理网点服务时间、服务地点、服务流程等方面的束缚，实现了对客户的全方位服务。

3. 推进“智慧”营销，提升精准获客能力

通过云计算、大数据等科技手段，获取客户数字化信息，为客户提供全方面、针对性的服务和精准营销。目前，大部分农合机构整合分布在信贷、电子银行、信用卡等业务系统的客户信息数据，建立360°客户统一视图，全方位、立体式展示客户信息和业务数据。运用客户交易数据对客户价值和忠诚度进行分类，分析客户消费习惯，有针对性地为客户提供服务。在全面开展金融产品与金融服务标准化和信息化建设的基础上，推出供客户经理使用的APP，并通过平板电脑（Pad）、手机等移动营销设备，将各业务线的金融产品、客户对象、办理条件、收益水平、定价标准、业务流程、资料清单以及信息查询、信息采集、业务发起等模块展示出来。比如，智慧建档可以按照“所有的客户进系统、所有的客户征信资源进系统、所有的客户贷前调查进系统”的要求，明确客户信息和业务信息的采集标准、整合客户柜面、电子渠道等方面的信息，完整录入，快速实现存贷款客户类型识别，以及客户金融需求查询服务。在此基础上，智慧产品应加大对线上申贷产品的开发和营销力度，积极做好微贷技术的推广和应用，努力完成技术成果转移，推动微贷技术向乡镇网点延伸、向村镇银行延伸、向传统信贷领域延伸，全力拓展零售业务。

4. 创新信贷管理工具，实现“智慧”信贷

2018年以来，农合机构拥抱科技，依托大数据系统整合信贷客户数据，实现贷款客户准入、利率定价、贷款收回、档案存储等全流程“智慧”管控。比如，湖北省联社运用智能化风险防控系统，将人行、法院、工商、税务、环保等部门数据接入信贷系统，并结合辖内农合机构自身交易数据，分析评估贷款风险状

况，实现风险管理由人工控制向系统控制转变、由分散控制向后台集中控制转变，达到了对信贷客户自动化管控和准入的效果。目前，已实现全省 95% 以上新增贷款通过系统进行自动定价、自动收贷以及受信贷档案影响自动存储，进而形成多方位、全立体的风险防控体系，贷款服务工作效率有了显著提升。

5. “智慧”升级，优化普惠金融服务

2018 年以来，农合机构坚持以创新驱动、科技引领为突破，加大互联网、移动金融等新兴渠道的建设和市场的拓展，将传统银行业务与先进技术应用融合，以“智慧”银行建设对接“智慧”医疗、“智慧”出行、“智慧”菜场等场景，将银行服务融入到大众日常生活体验中，紧贴客户需求，持续优化普惠金融服务效果。比如，温岭农商银行在 2018 年成功推动台州“健康一卡通”项目上线，医保居民凭市民卡（社保卡）、非医保居民凭“台州健康卡”，全面实现“一卡就诊、脱卡结算”。在智慧出行上，2018 年以来，温岭农商银行重点推广 ETC 高速公路不停车收费业务，创新将 ETC 业务与小区、单位车库门禁系统相结合，在温岭市多个小区上线并成功运行。在温岭至松门的 10 辆直达往返班车上布放智能 POS 机，首次实现台州乘坐城乡公交刷银联 IC 卡付车费。温岭农商银行还将开通微信支付、支付宝支付、市民卡支付等功能，持续构建多元化支付环境。禾城农商银行打造“智慧菜场”支付系统，除了为每个摊位配备标准化、可溯源的标准电子秤和灵活性的闪付智能 POS 机外，还在 WiFi 网络环境下，建立起菜场零售可追溯的信息管理平台。广大消费者可以持银行 IC 卡通过闪付或刷卡等方式，在购买完成后付款交易，市场管理方也可以通过系统管理平台自动采集市场信息，分析日常数据，对购买全过程交易记录，建立信用体系，真正做到“放心购买、可追溯源”。值得一提的是，浙江农合机构手机银行的活跃度（排名 113）遥遥领先于其他农合机构，手机客户端所支持的生活服务场景数量也位列全国农合机构首位，所涉及的服务场景包括日常生活交费充值、教育缴费、党团费、交通出行、娱乐和政务等众多方面，在较好地满足客户多样化需求的基础上利用场景实现大规模获客。2018 年以来，农合机构主动适应经济新常态，拥抱科技，努力转型，以自身的不断探索和创新，不断满足人民群众日益增长的美好生活对“智慧银行”的需要。

第五篇
专　题　篇

2018年以来全国农合机构经营环境总体稳中向好。在中美贸易摩擦加剧、全球汽车行业产能收缩、国内风险事件频发等影响下，我国经济下行压力加大，但经济运行总体平稳，经济发展从量的扩张转向质的提升。其中，农村经济总体保持平稳，结构持续改善，发展质量稳步提升，农村居民收支平稳增长，收入结构稳步改善，消费持续升级，农业生产资料价格明显上涨，农村消费价格稳步上涨，改革发展成果更多更公平惠及农村居民。面对新形势新问题新挑战，宏观政策延续稳中求进总基调，中共中央政治局2018年7月31日会议首次提出“稳就业、稳金融、稳外贸、稳外资、稳投资、稳预期”工作要求，2019年以来强调保持战略定力，加大逆周期调节力度。

专题一

农村金融市场竞争新动向与策略应对

近年来，随着城乡融合发展和农村改革不断深入，农村金融市场环境发生了明显变化，金融机构数量日趋增多，业务领域竞争日益加剧，呈现出诸多新动向，值得农合机构深入研究并积极地应对。

一、农村金融市场竞争新动向

1. 农村金融市场竞争内容变化

客户主体发生明显变化。自然人客户方面，随着城镇化的快速推进，大量农民工进入城市，尤其是新生代农民工很早进入社会，游离于城市和乡村之间，基本没有从事过农业生产，不像父辈那般依恋乡村，使得农村金融市场客户趋向于两极化，即低龄化和老龄化。进一步，农村居民收入稳步增长并且持续快于城镇居民，收入也日趋多元化，以及近年来由于普惠金融政策持续推进、金融科技快速发展等，大力推动农村居民金融知识素养快速提升，这共同促使农村居民不再仅仅满足于储蓄存款、传统信贷等传统金融产品和服务，提出了更为多样化、多层次的综合金融需求。法人客户方面，随着乡村振兴战略的稳步实施，家庭农场、农民合作社、农业社会化服务组织、龙头企业等各类新型农业经营主体明显增多，带动公司法人客户总体数量增多，特别是中小微企业数量增长明显。在农村金融市场，政府机构及行政事业型单位以往主要资金存放在农合机构，但随着国库资金、政府财政性资金进行集中管理并实施资金竞标式存放，农合机构受到较大影响。

金融产品日趋多样化。一是负债类产品正逐步从单一储蓄存款向储蓄存款、结构性存款、理财等多样化产品拓展，对农合机构丰富金融产品提出新挑战。互联网金融公司大力创新和推广线上产品，加速金融脱媒，形成对储蓄存款产品的替代。中间业务方面，金融机构进一步优化传统支付结算业务，将个人网银、企业网银、手机银行推广到农村金融市场，成为农村客户进入支付结算体系入口。同时金融机构也在逐步将城市已经较为普遍的保管箱业务、贵金属承销业务、保险代理业务、基金代理业务等向农村金融市场推广。资产业务方面，随着农村土地制度改革的稳步推进、农村集体经济的发展、农民生产生活需求的升级等，农村金融市场信贷需求日趋多样化，亟须金融机构创新和拓展有关农村承包土地经营权抵押贷款、农民住房财产权抵押贷款、集体资产股份抵押贷款、教育培训贷、装修贷等金融产品。互联网金融由于具有方便快捷小额等优势，也分流了部分农村居民客户。

金融服务水平稳步提高。网点建设方面，农村金融市场网点标准化程度、智慧化水平持续提升，网点及金融服务覆盖面也不断提高。如邮政储蓄银行及部分农合机构等积极地对老旧网点进行智慧化改造，对乡镇网点进行升级，甚至部分乡镇网点精致化程度远超城区网点。同时金融机构在较大行政村、自然村，通过设置分理处、助农服务设备（ATM、助农取款机等）等，提高金融服务覆盖率。从业者素质方面，农村金融机构一方面通过公开招聘、定向培养等方面吸引各类专业人才加盟，另一方面通过建设内部培训师队伍，搭建员工培训平台，强化员工培训，有效提升员工业务能力和素质。

2. 农村金融市场竞争主体变化

农村金融市场中目前有开发性及政策性金融机构、商业银行、农村中小金融机构以及互联网金融公司、互联网银行等竞争主体，在定位、服务、产品等方面有较为明显差异，在市场竞争中呈现不同特点。

开发性及政策性金融机构主要有国家开发银行、农业发展银行。其定位主要是为国家开发性项目、政策性支持项目等国家战略实施提供中长期信贷支持。在农村金融市场中，国家开发银行按照其开发性金融机构定位，充分利用服务国家战略、市场运作、财政支持优势，定向加大对农村基础设施、乡村振兴等国家战略支持的力度，培育农村经济增长新动能。农业发展银行坚持农业政策性银行职能定位，在保证国家粮食安全、脱贫攻坚等重点领域和关键薄弱环节发挥主力和骨干作用。开发性及政策性金融机构网点较少、员工数量少但业务服务精准性高、专业性强，与普通农村客户联系较少，部分业务经由商业银行等金融机构代为办理，在农村金融市场中与其他类型金融机构较少存在直接竞争。

商业银行正逐步成为农村金融市场的重要参与者，主要包括国有大型商业银行、股份制商业银行和城市商业银行。除了农业银行、邮政储蓄银行之外，其他商业银行多在经济较为发达县域设置网点，在乡镇及以下很少设置网点，部分商业银行通过设置普惠金融事业部、“三农”金融事业部等，定向在农村市场拓展业务，为农村市场提供特色金融业务。在商业银行中，农业银行的农村金融市场网点数仅次于邮政储蓄银行，近两年其通过改革完善“三农”金融事业部体制机制、实施互联网金融服务“三农”工程等一系列举措，提高农村金融服务覆盖面和渗透率，在农村金融市场中竞争力持续增强。邮政储蓄银行近年来积极发挥网点和邮政邮递网络广覆盖、产品丰富、小额贷款专营经验等优势，通过坚持零售银行战略定位，以小额贷款、零售金融服务为抓手，加大县域信贷投放，逐步提高县域存贷比，在农村金融市场的潜在竞争力持续释放。

农村中小金融机构是当前农村金融市场主体，主要有农合机构、村镇银行、小额贷款公司、新型农村合作金融等。农合机构是农村金融主力军，其中大部分农合机构在当地存贷款市场份额、网点数量、员工数量等均居优势地位。但农合机构大多存在科技水平低、产品创新慢、经营管理落后、员工素质参差不齐等问题，亟须通过深化改革赋能。当然，也有部分农合机构在改革发展过程中偏离服务县域、支农支小的初心使命，弱化了自身在农村金融市场的竞争力。村镇银行多由商业银行发起，当地优质企业入股成立，以支农支小为初衷，在农村金融市场中份额不断提高。但村镇银行由于发起主体、实际控制主体不同，其市场定位差异较大，网点多集中于县城及较繁华乡镇，员工数量较少，风险控制能力较弱，业务产品较少，与农合机构在产品及服务上同质化问题较为严重，竞争力不足。小额贷款公司和新型农村合作金融，是农村金融市场的重要补充。但其服务网点多设置于城区，在农村地区少有实体网点，目前在农村金融市场所占份额较小。但随着农村信用体系完善，其多借助于线上化运作，业务成本进一步降低，竞争力逐步增强。农民合作社信用合作试点和新型农村合作金融是农村金融市场中出现的新业态，还处于初创探索期。

随着大数据、云计算等金融科技的快速发展，P2P 平台、蚂蚁金服、财付通等互联网金融公司借助普惠金融政策契机，快速向农村金融市场渗透。这些公司通过手机等移动端直接对客户进行授信，效率高，管理成本低，同时部分平台还吸收客户存款，已经对传统金融机构带来较大冲击，特别是对信用卡业务、银行卡小额贷款业务影响明显。

互联网银行是经银保监会批准成立的新型银行业金融机构，可以吸收存款、发放贷款、结算支付。目前我国境内主要有网商银行、新网银行、中关村银行、苏宁银行、微众银行等五家互联网银行。自 2014 年陆续成立后，互联网银行迅速发展，以大数据为基础，基于模型测算并授信，集中服务年轻客户，对县域金融机构结算、贷款业务产生较大影响。

3. 农村金融市场监管部门变化

人民银行方面，2019 年 1 月 19 日实施的《国务院机构改革方案》明确了中国人民银行机构编制及职能定位。人民银行主要职责是负责拟订金融业改革、开放和发展规划，承担综合研究并协调解决金融运行中重大问题、促进金融业协调健康发展责任。如农村金融改革方案将由中国人民银行负责。

银保监机构方面，2018 年 4 月 8 日，银保监会正式挂牌，随后各地分支机构也相继成立。合并后的银保监会将对强化金融监管、规范农村金融市场经营行为、防范和化解经营风险产生重要影响。如对金融机构的跨行业业务监管、大额业务监管会更加严格。

金融服务办公室向地方金融监督管理局的转变。在省、市机构改革中，作为地方金融监管主要构成部分之一的金融服务办公室不再单设，而是改为地方金融监督管理局，作为各级人民政府直属机构，同时加挂金融服务办公室牌子。

4. 农村金融市场监管政策变化

金融业对外开放方面，人民银行副行长陈雨露在 2019 年清华五道口全球金融论坛主旨演讲中指出将对标高水平开放要求，继续推进金融业对外开放。一是继续推动全方位金融业对外开放，确保各项措施落地实施，积极研究新开放措施；二是加快转变开放理念，过渡到准入前国民待遇加负面清单管理模式，实现系统性、制度性开放；三是优化营商环境，提高政策制定透明度；四是将扩大开放和加强监管密切配合，有效防范和化解金融风险。金融业对外开放后，国外金融机构带来新产品、新服务模式、新管理方式，或会使金融市场竞争进一步加剧。农村金融市场作为金融市场一部分，未来也将会受到一定影响。

金融支持乡村振兴方面，稳步推进城乡金融资源配置合理有序和城乡金融服务均等化。比如针对作为农村金融主力军的农合机构，2019 年 1 月 14 日，银保监会发布《关于推进农村商业银行坚守定位　强化治理　提升金融服务能力意见》（银保监办发〔2019〕5 号），要求县域及城区农村商业银行应准确把握自身在银行体系中的差异化定位，确立与所在地域经济总量和产业特点相适应的发展方向、战略定位和经营重点。2019 年 1 月 29 日，人民银行、银保监会等五部委联合印发《关于金融服务乡村振兴的指导意见》（银发〔2019〕11 号），明确要求要建立完善金融服务乡村振兴的市场体系、组织体系、产品体系，促进农村金融资源回流。在短期内，突出目标科学性和可行性，到 2020 年，要确保金融精准扶贫力度不断加大、金融支农资源不断增加、农村金融服务持续改善、涉农金融机构公司治理和支农能力明显提升。在中长期，突出目标规划性和方向性，推动建立多层次、广覆盖、可持续、适度竞争、有序创新、风险可控现代农村金融体系，最终实现城乡金融资源配置合理有序和城乡金融服务均等化。这些政策文件明确了农村金融机构如何更好地服务乡村振兴战略，也将促使农村金融市场竞争更趋激烈。

防范系统性金融风险方面，党中央、国务院高度重视金融风险防范问题。比如2019年2月22日，习近平总书记在中共中央政治局第十三次集体学习时强调，防范化解金融风险特别是防止发生系统性金融风险，是金融工作根本性任务。要做好金融业综合统计，健全及时反映风险波动信息系统，完善信息发布管理规则，健全信用惩戒机制。要做到“管住人、看住钱、扎牢制度防火墙”。要建立监管问责制，对监督不力、隐瞒不报、决策失误等造成重大风险的相关人员，要严肃追责。农村金融市场中小金融机构数量众多、自身体量小，内控机制较弱，相关制度不健全，易出现因管理不到位造成舆情风险，流动性风险甚至引发挤兑等风险事件，对金融秩序及社会稳定危害大，因此在农村金融市场尤其要注重防范风险。

二、农合机构应对策略

1. 强化党建引领，落实监管要求

随着《中共中央　国务院关于完善国有金融资本管理指导意见》以及各省市相关指导意见出台，明确了包括省联社在内大部分金融机构管理体制及管理要求。在农村金融市场竞争中，农合机构要明确以党建为指引，将加强党的建设写进公司章程，把党委决策作为理事会前置程序。同时，落实好监管部门相关规定，特别是银保监办发〔2019〕5号文件、银发〔2019〕11号文件等，按照政策要求做好相关工作，合规审慎经营。

2. 加强公司治理，注重风险防控

在农村金融市场竞争中，农合机构具有小而灵活的先天优势，但在董（理）事会建设、监事会履职、风险防控等方面还需要进一步加强完善。特别是在风险防控方面，虽然部分农合机构已经改制为农商银行，但仍沿用农信社时期模式，科技手段运用不足，业务与风控未分离，与商业银行系统风控相比存在较大差距。农合机构应充分发挥董事会下属风险委员会作用，设置专职风险部门或风险岗位，建设并运营风控系统，培养全员防控风险意识。

3. 重视调查研究，科学合理决策

农合机构应重视对农村金融市场的调查研究，对客户需求、同业情况、市场动态等及时进行跟踪，并与科研院所、大专院校等进行合作，充分利用机构研究资源。同时，加强对内外部数据的整合、加工与利用，在管理、经营等各环节，充分进行数据研判及模拟，增强决策科学性与合理性。

4. 打破跟随战略，差异化市场竞争

农合机构应充分认识农村与城市金融市场差异，虽然改制为农商银行，但不能盲目实施跟随战略，照抄照搬大中型商业银行及部分先进农商银行发展模式，一味追求大而全，盲目拓展业务领域。农合机构应该根据当地情况扬长避短、因地制宜，充分利用自身网点遍布城乡、长期扎根“三农”、掌握农村金融市场优质资源的优势，结合自身实际，打造“小而美”银行，研究适配的竞争策略及业务产品，注重加强与政策性银行的合作，实现优势互补、合作共赢。增强主动服务意识，创新服务方式，探索建立与农户、农业企业等的沟通平台，建立和谐互动的关系；加大银行新业务的宣传，简化办事手续，减少办事环节，加强基层人员业务培训，提高服务水平和工作效率；拓展金融服务领域，提供信息咨询、理财服务和外汇服务等。

5. 重拾农信传统，探索服务创新

农合机构具有优良背包银行传统，长期以来通过上门服务活跃在农村金融市场，助力“三农”发展。虽然随着社会经济发展，农村客户经济情况及服务需求都有新的变化，但是农合机构上门服务客户的传统不应丢，工作重心下沉到户的要求不能变。

同时，农合机构应从自身实际出发，在发扬背包银行传统的同时，积极探索适合当地经济发展的现代服务模式和产品，跟上城乡一体化的发展要求，使金融普惠千家万户。

6. 坚持常态培训，建设后备梯队

农合机构发展的关键在人才。随着信息化发展，客户金融服务需求不断增多，金融服务的数据管理也显得日益重要，对从业者素质要求也越来越高。通过近年来结构性调整，农合队伍员工平均学历水平已有了较大提升。要注重建立常态化培训机制，分条线分岗位制定符合农合机构特点的培训计划，通过购买外部服务，推动培训 APP 化、日常化，全面提升员工金融素质及服务能力。同时，农合机构应注重加强人才库建设，分专业建立重要岗位后备梯队，通过外部人才引进、设置 AB 岗、选派高管到党政部门挂职、业务骨干到大型商业银行跟岗学习等方式，加快人才培养，为农合机构健康发展提供人才支撑。

7. 加大科技投入，提高智慧化水平

农合机构与其他商业银行相比，科技实力较弱，需要重点加强科技投入，注重深化与政府大数据中心的合作，积极采购金融科技公司相关产品，以标杆农商银行先行探索为示范，启动大数据、云计算等项目，重点提升自身数据整合、分析、运用能力，进行实时动态风险监测，并基于数据进行业务、产品、服务等创新，提高自身业务考核、履职评价、合规管理等智慧化水平，突出解决好业务发展中服务产品少、创新速度慢、考核不科学、尽职免责难落实等问题，提升服务农村金融市场科技服务管理的能力与水平。

8. 加大宣传力度，防控声誉风险

农合机构是农村金融主力军，在打赢脱贫攻坚战、金融支持乡村振兴中发挥着不可替代的作用，在服务“三农”中涌现了大量先进典型，但长期以来，大部分农合机构不太重视宣传工作，只默默奉献而较少进行宣传。因此，应制定系统化宣传策略，强化对农合机构支持乡村振兴、助力脱贫攻坚、履行社会责任等先进典型的宣传，树立良好社会形象。农合机构要高度重视声誉风险，并将其列入风险管理重点，由风险部门统一负责协调，建立声誉风险防控预案及处置机制，确保系统经营安全。

专题二

农合机构金融服务乡村振兴经验与启示

实施乡村振兴战略是以习近平总书记为核心的党中央着眼党和国家事业全局，深刻把握现代化建设规律和城乡关系变化特征，顺应亿万农民对美好生活的向往，对“三农”工作作出的重大决策部署，是决胜全面建成小康社会、全面建设社会主义现代化国家的重大历史任务，是新时代做好“三农”工作的总抓手。2017 年 10 月 18 日，党的十九大报告做出了关于贯彻新发展理念，实施乡村振兴战略的重大决策部署，明确提出了产业兴旺、生态宜居、乡风文明、治理有效、生活富裕的总体要求，将加快推进农业农村现代化提升至国家战略高度。《中共中央　国务院关于实施乡村振兴战略的意见》（中发〔2018〕1 号）、《中国人民银行　银保监会　证监会　财政部　农业农村部关于金融服务乡村振兴的指导意见》（银发〔2019〕11 号）等系列政策文件对金融服务乡村振兴作出了系统性的战略部署，强调要坚持以市场化运作为导向、以机构改革为动力、以政策扶持为引导、以防控风险为底线，聚焦重点领域，深化改革创新，建立完善金融服务乡村振兴的市场体系、组织体系、产品体系，促进农村金融资源回流，最终实现城乡金融资源配置合理有序和城乡金融服务均等化，为全国农合机构深入贯彻落实乡村振兴战略、不断深化改革发展、提升金融服务提供了根本遵循。

一、农合机构金融服务乡村振兴主要经验

金融活，经济活；金融稳，经济稳。经济兴，金融兴；经济强，金融强。乡村振兴战略是党和国家作出的重大决策部署，需要投入大量真金白银作为强有力支撑，更需要广大农村金融机构付出巨大努力将资金配置到位。“三农”金融服务与乡村振兴血脉相连、共荣共生，在实现农业强、农村美、农民富和乡村全面振兴中发挥了重要作用，积累了宝贵经验。

1. 引领乡村振兴配套软硬环境建设

根据乡村振兴“产业兴旺、生态宜居、乡风文明、治理有效、生活富裕”总要求，产业兴旺是全面实现乡村振兴的总抓手。全国农合机构积极通过支持产业兴旺，推动乡村振兴软硬环境建设。一是通过信贷结构调整农业农村产业结构带动产业兴旺。农合机构充分发挥自身优势，不断优化农业农村信贷结构，实施有保有控有倾斜的信贷支持政策，通过不断加大对农村一、二、三产业深度融合的支持力度来促进乡村振兴配套软硬环境建设。二是大力支持特色农产品品牌提升，促进新型农业经营主体发展，进一步推动农业现代化、标准化、规模化发展，引导农业生产由增产为主向提质增效转变。三是通过贯彻落实新发展理念引导农业农村“绿色革命”，支持农业农村绿色生产方式和生活方式健康有序推进，整合优势资源，大力扶持生态宜居、美丽乡村基础环境建设。

2. 助推各种资源向乡村振兴配置

金融服务乡村振兴是农村金融工作的出发点和落脚点。“三农”在我国经济社会发展中占据重要地位，但同时也是当前我国经济社会发展的薄弱环节，“三农”发展不平衡不充分严重影响我国经济社会发展的全面稳定可持续。因此，伴随我国经济社会

发展主要矛盾的转变，通过金融服务补齐农村发展不平衡、不充分的短板具有重要意义。在乡村振兴战略实施过程中，资金是十分重要的资源，是金融服务乡村振兴的重要载体。全国农合机构可以通过自身大量金融资源的合理配置带动更多优质资源向“三农”倾斜，进而带动农村基础设施提档升级，支持农业发展提质增效，促进农村一、二、三产业融合，实现生态宜居的乡村建设，满足农村居民对美好生活的各种需要，最终为有效缓解新时期经济社会发展主要矛盾作出应有贡献。

3. 推动普惠金融在农村落地生根

推动“三农”发展、实现乡村全面振兴离不开有效的综合性金融服务，而全国农合机构是全力推动普惠金融深入农村的主力军，在促进普惠金融落地生根过程中发挥着不可替代的作用。与其他金融机构相比，农合机构在普惠金融服务方面具有诸多优势。一是全国农合机构物理网点覆盖面广，几乎遍布全国所有乡镇，具有良好的服务基础。二是在一些没有设立固定营业网点的边远地区，基层农合机构还可以通过流动服务车、“背包银行”、金融便民服务点等多种形式为广大农民提供服务，真正打通了农村金融服务的“最后一公里”。三是随着全国农合机构各类网上银行、手机银行、电话银行、短信业务及深度结合电商平台业务的发展普及，为推进乡村振兴搭建了广阔的金融服务平台，为实现农业农村现代化架设了线上线下一体化的金融服务网络，让广大农民足不出户享受到现代、便捷的金融服务。

4. 帮助贫困户实现“造血”脱贫

党的十九大报告将精准脱贫作为决胜全面建成小康社会的三大攻坚战之一，同时将乡村振兴战略确定为实现“两个一百年”奋斗目标的一项重大战略举措。全力实现现行标准下农村贫困人口脱贫，是精准脱贫攻坚的最终目标和任务，而在推动打赢脱贫攻坚战进程中，金融扶贫是实现贫困户造血脱贫的一项重要举措，是推动产业扶贫、就业扶贫、易地搬迁扶贫等扶贫模式落地的重要保障。全国农合机构以产业扶贫为重要抓手，引入遵循市场规律的金融贷款机制，通过金融和产业深度融合，确保扶贫不扶懒、扶干不扶看、扶志不扶靠，积极培育新型农业经营主体和农村龙头企业，构建推广扶贫长效机制，打造"新型农业经营主体 + 农户"的产业化扶贫之路，引导贫困农户参与扶贫产业发展，为坚决打赢脱贫攻坚战作出了不可替代的贡献。

二、农合机构金融服务乡村振兴主要启示

作为农村金融主力军，大部分农合机构始终扎根县域、服务"三农"，特别是部分优秀农合机构更是引领金融服务乡村振兴趋势，为农村金融机构深化金融服务乡村振兴工作带来诸多启示。

1. 坚守政治立场，严格贯彻党对农村金融工作的绝对领导

党政军民学，东西南北中，党是领导一切的。农村金融工作只有在党的领导下才能更好服务于乡村振兴战略的全面实施。长期以来，面对纷繁复杂的外部经济金融环境和我国经济发展过程中出现的一系列挑战，全国农合机构之所以能够取得重大成就，关键在于始终牢牢坚持党对农村金融工作的领导。根据习近平总书记在 2016 年全国国有企业党建工作会议上和第五次全国金融工作会议上的重要讲话精神，全国农合机构坚持把党对农村金融工作的绝对领导同完善金融企业公司治理体系结合起来，形成了以加强党的建设为统领，明确和落实党委在法人治理结构中的法定地位，坚持党要管党、从严治党，坚定不移把党中央关于金融工作的部署要求落到实处。

党建引领是全国农合机构发展的"根"和"魂"，各省联社党委在金融服务乡村振兴工作中坚持把抓好党的建设作为实现稳

健发展的最大法宝，牢固树立“抓好党建是最大政绩”的理念，坚定不移推进全面从严治党，不断提高党的建设水平。同时，牢牢抓住“党建+”这个“牛鼻子”，始终将党建工作作为“一把手工程”，并融入经营管理全过程，把贯彻党的金融方针政策与坚持金融市场化运作相结合，建立强有力的党委班子，激活党员“红色因子”，筑牢发展“红色底盘”，进一步形成风清气正的政治生态，锻造忠诚干净担当的“金融铁军”，为实现转型升级目标提供坚强的政治保证。为充分发挥党组织的政治核心作用和战斗堡垒作用，各省联社将自身经营管理与作风建设紧密结合，使党建工作成为推动转型发展的不竭动力，让强党建与促发展同频共振，最大程度画好党建与发展的同心圆。

2. 坚定理想信念，努力提升省联社服务全辖的工作成效

2000 年 7 月 15 日，国务院正式批准在江苏省试点组建省农村信用社联社，就此拉开省联社改革序幕。2003 年 6 月 27 日，国务院出台《关于印发深化农村信用社改革试点方案的通知》（国发〔2003〕15 号），明确将农信社的行业管理职责下放给省级人民政府，各省（市、区）相继组建省联社，对辖内农合机构履行“管理、指导、协调、服务”职能。2004 年 6 月 5 日，国务院办公厅转发银监会、人民银行《关于明确对农村信用社监督管理职责分工指导意见》（国办发〔2004〕48 号），进一步明确省联社履职范围。2007 年 5 月 30 日，银监会办公厅印发《关于农村信用社省级联社规范履职行为防范风险的通知》（银监办发〔2007〕130 号），再度对省联社的履职行为进行深入规范。2012 年 7 月 2 日，银监会发布《关于规范农村信用社省（自治区）联合社法人治理的指导意见》（银监发〔2012〕38 号），其开篇明确省联社要合规有效履行“对社员的服务、指导、协调和行业管理”职能。

省联社充分发挥服务全辖、业务指导、统一协调作用，为金融服务乡村振兴作出以下重要贡献。一是带领辖内农合机构坚定不移深化改革，探索建设新形势下农合机构管理体制机制，逐步走上现代化银行的发展道路，坚持市场化导向，改善辖内农合机构资本状况，增强抗风险能力。二是持续引导辖内农合机构做实做细县域，充分尊重辖内农合机构经营自主权，最大限度调动农合机构积极性，支持和鼓励农合机构发展成为自主经营、自担风险、自我发展、自我约束的市场竞争主体。三是进一步提升金融服务“三农”能力水平，搭建金融创新服务平台，指导辖内农合机构持续增加惠及“三农”的信贷投入，大力推广农户小额信用贷款、农户联保贷款，积极探索更便捷、更安全、更有效的服务手段，着力解决农民贷款难问题。四是坚持统筹协调优势资源支持辖内农业产业化龙头企业发展，为辖内农合机构有计划地把信贷资金投放到效益高、风险小、安全可靠的农业产业化项目和龙头企业上提供决策指导服务，努力培育实力雄厚、基础牢固、在当地经济发展中起支柱作用的优势产业和品牌。五是深入指导辖内农合机构审慎经营，加快业务创新步伐，充分尊重和支持基层农合机构的首创精神，帮助开发具有自身特色、符合市场需求的金融产品和服务，更好地满足乡村振兴金融服务需求。

3. 坚持市场定位，积极落实立足县域、服务“三农”的方针政策

我国农合机构的发展走过了近百年风雨历程，自 1923 年中国华洋义赈救灾总会创建第一家农村信用合作社——河北香河县信用社以来，伴随着新中国成立初期合作化运动推动全国农村信用社的普遍建立，再到全国农合机构随着我国经济社会发展几度变迁，无论管理体制如何变化，农合机构的改革发展始终围绕“三农”、县域和小微根本，在支持我国农业发展、农村建设和农

民富裕方面发挥着不可替代的金融主力军作用。农合机构坚持服务农业和农村经济发展，是为“三农”发展服务的地方性金融机构，是农村金融当之无愧的主力军和联系农民的金融纽带，在支持农村经济结构调整、帮助农民增产增收、促进城乡经济协调发展方面发挥了重要作用。

然而，全国农合机构改革发展的历程并不是一帆风顺的。近年来，随着我国改革开放程度的不断提高，经济社会发展日新月异，银行业迎来快速发展的黄金期。面对市场变化，部分基层农合机构未能坚守“三农”初衷，信贷投放盲目跟风，片面追求“高大上”，逐渐脱农重商、脱实向虚，致使风险叠加，造成了不可挽回的损失，对金融服务“三农”、支持县域工作带来诸多不利影响。为此，近年来金融监管部门积极引导农合机构回归本源，服务县域、支农支小。尤其是乡村振兴战略实施以来，全国农合机构进一步加大涉农贷款和小微企业贷款投放力度，大力推进普惠金融，积极助力脱贫攻坚，促进金融服务提质增效。截至2018 年末，全国农合机构涉农贷款余额 93456. 24 亿元，较年初增长 7. 98%，占全部贷款总额的 56. 96%；小微企业贷款余额78678. 31 亿元，较年初增长 9. 43%，占全部贷款总额的 47. 95%。

4. 关注重点领域，因地制宜推进乡村振兴战略落地生根

各地农合机构深入结合国家和本省（市、区）乡村振兴战略规划，牢牢把握重点领域，因地制宜推进乡村振兴战略落地生根。一是持续加大金融服务精准扶贫力度，推动金融扶贫和产业扶贫融合发展，助力打赢脱贫攻坚战。二是紧紧围绕藏粮于地、藏粮于技，扛稳、做好金融服务国家粮食安全重任。三是持续聚焦产业兴旺，金融推动农村一、二、三产业融合发展，重点扶持农业产业龙头企业及各类专业合作社发展，加大对现代农业产业

园、家庭农场等的金融支持力度，推动产村融合、产城融合发展。四是重点做好新型农业经营主体和小农户的金融服务，通过产品服务创新有效满足新型农业经营主体的资金需求。五是金融服务农村产权制度改革，着力发展壮大农村集体经济，促进农村土地资产和金融资源的有机衔接。

5. 关心国计民生，全面支持打赢脱贫攻坚战

2019 年 2 月出台的《关于金融服务乡村振兴的指导意见》中明确指出，“2020 年以前，乡村振兴的重点就是脱贫攻坚。涉农银行业金融机构在贫困地区要优先满足精准扶贫信贷需求”。金融扶贫是精准扶贫工作推进的重要抓手，利用信贷、保险等多样化的金融手段与杠杆工具，为不同贫困地区、不同层次贫困人口提供针对性的金融产品和服务，提供精准化、最优化的资源支持与配置，激发贫困地区的内生发展动力和贫困群体的自力更生能力。

近年来，各地农合机构积极投入金融精准扶贫工作，通过健全工作机制、加大扶贫小额信贷投放、发挥产业扶贫带动作用、加快产品和模式创新等一系列措施，有效推动了金融精准扶贫工作的扎实开展。例如河南省联社在积极探索金融扶贫新模式工作方面结合当地实际，加强与政府、保险等部门的多方联动，探索出金融扶贫“兰考经验”“卢氏模式”，构建了“扶贫再贷款 + 农商银行 + 政府担保基金 + 保险 + 建档立卡贫困户（扶贫龙头企业）五位一体”的贷款扶贫模式，并取得了显著成效。截至 2018 年末，河南农合机构扶贫贷款余额达到 272 亿元，累计发放扶贫贷款 513 亿元，累计帮扶贫困人口 220 万人次，扶贫贷款投放总额居全省银行业金融机构首位。

6. 关怀队伍成长，着力培养懂农业、爱农村、爱农民的干部员工队伍

习近平总书记在 2018 年 7 月全国组织工作会议上强调，“要

加快实施人才强国战略，确立人才引领发展的战略地位，努力建设一支矢志爱国奉献、勇于创新创造的优秀人才队伍”。金融服务乡村振兴，人才振兴是关键。实现农业高度发达、农村更加美丽、农民更加幸福就必须培养造就一支懂农业、爱农村、爱农民的高素质“三农”金融工作队伍。长期以来，全国各地农合机构高度重视高素质干部员工队伍的培养教育，不断加大业务人员培训力度。组织员工通过各种形式学习领会支农惠农政策；加强干部队伍的培养、管理、使用，把一批政治素质过硬、业务技能精通的人员充实到一线信贷队伍，通过加强人员业务技能和专业知识培训，切实解决客户经理能力不足问题，不断提高服务实体经济质效；积极组织员工深入农村、农户，加大农业技术培训力度，着力打造一支懂农业、爱农村、爱农民的“三农”金融人才队伍。

全国农合机构充分发挥金融在资源配置中的引导作用，不断促进各方面建设型人才向乡村振兴转化。一是金融服务专业人才平台建设。组织专项信贷资金支持众创空间、科技孵化园等人才创新创业载体平台的规划建设，助推“培训 + 孵化 + 培育”的人才培养模式发展壮大，为创业青年、大学生“村官”、农村致富带头人等提供创新创业平台。二是金融服务人才培育。组织专项人才引进，向职业院校发放贷款，促进电商人才、创业人才等急需的紧缺人才投入新农村建设主战场，以信贷扶贫助推农村人才队伍建设，引导、培育一批农村实用技术人才，开展技能型人才培训，促进卫生、教育、科技等专业人才向农村流动，提升“三农”建设型人才队伍质量。

7. 创新金融模式，适时推出符合城乡融合发展现实需要的产品服务

习近平总书记强调，创新是一个民族进步的灵魂，是一个国

家兴旺发达的不竭动力，也是中华民族最深沉的民族禀赋。在服务乡村振兴中，农合机构积极创新，为各地乡村振兴提供符合现实需要的产品和服务。一是勇于解放思想，破除一切不利于支持乡村振兴、不符合“三农”发展需要的陈规陋矩，发扬勇于探索、艰苦奋斗的开拓精神，积极探索引入农担担保、保险担保、所有权经营权担保、乡村集体资产抵押等形式，破解农民贷款保证难题，激活更多“沉睡”农村资产。二是加大“三农”产品的整合力度，培育农业农村基础设施建设、产业融合、绿色金融、旅游金融、普惠金融等产品，确保乡村振兴各环节、各领域都有针对性产品服务。三是倾斜信贷资源，解决农村发展不充分问题，把更多信贷资源配置到“三农”的重点领域和薄弱环节，做到精准服务，推动金融服务深入到农业生产第一线，服务到村组和田间地头。四是构建全面覆盖的产品体系，针对休闲农业、乡村旅游、农村电子商务、农村养老服务、农村文化创意等新产业、新业态，研发特色金融产品；针对农业产业化联合体、现代农业园区，创新覆盖全产业链闭环的综合金融产品；针对家庭农场、种养大户等新型农业经营主体，研发“轻抵押、重现金流”的信贷产品，解决其有效抵押物不足的现实困难；针对科技企业、高校毕业生、返乡农民，推出“双创”类特色金融产品；针对传统农户金融需求升级，升级改造现有农户小额信贷产品，提高授信额度、创新担保方式。

8. 创建风控机制，牢牢守住不发生系统性金融风险的底线

根据习近平总书记关于金融工作的系列重要讲话精神，全国农合机构坚持把防范化解金融风险作为工作重点，确保风险防范各项工作落到实处。一是突出抓好信用风险防控。通过不断优化信贷流程，严格落实“三查”制度，跟踪资金流向，强化对主导产业的研判评估，及时调整信贷结构，防止产业贷款过度集中风

险的发生。坚持“小额、流动、分散”原则，严控大额非农贷款。全面加强资产管理，严格抵债资产接收和处置程序，规范不良贷款核销行为。二是严防重点领域风险。按照监管政策要求提足拨备，增强自身风险抵补能力。制定完善流动性风险处置预案，经常性开展风险处置应急演练，提高流动性风险防控水平。不断加强资金业务管理，严防票据、债券业务违约风险。持续强化舆情监测，严防负面舆情和突发事件引发的流动性风险。完善基础设施建设，加强网络信息安全管理，健全信息安全防护体系，确保信息科技系统安全运行。三是认真抓好合规管理和案件防控。完善内控制度，加大对违规问题查处力度。深入开展专项排查和警示教育，严格落实干部交流、岗位轮换、强制休假和亲属回避四项制度，加强员工行为排查，严防充当资金掮客、参与民间借贷和非法集资行为，努力化解一切不稳定因素，全力维护金融安全。

9. 创造良好环境，全力打造风清气正、真抓实干的工作氛围

习近平总书记指出，作风建设永远在路上。金融服务乡村振兴要以永远在路上的执着把全面从严治党引向深入，营造风清气正、真抓实干的良好环境，开创全面从严治党新局面。金融系统正风肃纪关乎金融安全乃至国家安全，只有不断进行自我革命，持续深化反腐败，才能彻底扭转风气，获得党和人民的信任，把金融服务乡村振兴落到实处。全国各地农合机构坚决贯彻落实习近平总书记关于金融领域从严治党的重要指示精神和十九届中纪委三次全会“加大金融领域反腐力度”工作部署，以守土有责、守土负责、守土尽责的政治担当，为乡村振兴营造风清气正的金融发展环境。

各地农合机构坚持认真落实党委主体责任、纪委监督责任，持续扎紧制度笼子，强化巡察监督，始终保持惩治腐败高压态

势。坚持抓好警示教育，增强党员干部的纪律意识、法制意识，使党员干部明白能做什么，不能做什么，切实做到心有所畏、言有所戒、行有所止。坚持监督从严，监督面前不讲特殊，监督领域向关键岗位人员和基层普通党员延伸。严格贯彻落实中央八项规定及实施细则精神，对“四风”隐形变异新动向要时刻防范，驰而不息纠治“四风”，坚持做到自重自省自警自励，推动作风建设常态化、长效化。不断提高全体干部员工党性修养，教育党员干部切实增强“四个意识”，坚定“四个自信”，做到“两个维护”，自觉同以习近平总书记为核心的党中央保持高度一致，树立农合机构良好社会形象。

专题三

农合机构助力
“最多跑一次”改革经验与启示

“最多跑一次”改革是在习近平新时代中国特色社会主义思想指导下，政府改革的深化，是推进供给侧结构性改革、“放管服”改革、优化营商环境的重大举措之一。“最多跑一次”改革是基于以人民为中心的发展思想，站在“用户体验”的角度，以群众眼中的“一件事情”为标准，整合归并以往由一个或多个部门办理的相关事项，实现群众办“一件事情”全流程“最多跑一次”，甚至“跑零次”。农合机构作为服务地方经济社会发展的金融主力军，助力“最多跑一次”改革，意义重大、使命光荣、任务艰巨，这既是改进服务、更好履职的有益尝试，也是提升自身竞争力的路径探索。

一、“最多跑一次”改革的发展历程

1. “最多跑一次”改革的浙江探索

2016 年 12 月，浙江省委、省政府提出“最多跑一次”改革并写入省政府工作报告。省政府 2017 年 2 月出台《关于印发加快推进“最多跑一次”改革实施方案的通知》（浙政发〔2017〕6 号），2018 年印发《中共浙江省委　浙江省人民政府印发关于深化“最多跑一次”改革推动重点领域改革的意见》（浙委发

〔2018〕1 号），由此“最多跑一次”改革从承诺变成了现实，成为浙江的一张“金名片”。2018 年 11 月，省十三届人大常委会审议通过《浙江省保障“最多跑一次”改革规定》（2019 年 1 月 1 日起施行），首部全国“放管服”改革领域综合性地方法规问世，率先为实施“最多跑一次”提供了省级层面的制度样本。

2016 年底，浙江省联社在丽水、台州等地农合机构进行试点，探索在银行网点代办政务服务，并取得了显著成效。2018 年 5 月，省联社出台《关于印发浙江农信金融助力“最多跑一次”改革指导意见的通知》（浙信联办〔2018〕63 号）。浙江农合机构作为浙江农村金融主力军、地方金融排头兵和普惠金融先行者，充分发挥网点广覆盖、地缘人缘亲缘关系紧密等优势，全面助力“最多跑一次”改革，深入参与其中，主动承接和延伸政务服务，对接政府，服务百姓，打通金融服务“最后一公里”。

2. “最多跑一次”改革的全国推广

2018 年 1 月 23 日，中央全面深化改革领导小组第二次会议审议通过《浙江省“最多跑一次”改革调研报告》，并建议向全国复制推广。2018 年 3 月，“最多跑一次”改革被写进政府工作报告，在全国范围正式全面深入推进“互联网 + 政务服务”，使更多事项可以在网上办理，必须到现场办的也要力争做到“只进一扇门”“最多跑一次”。2018 年 6 月 10 日，《国务院办公厅关于印发进一步深化“互联网 + 政务服务”推进政务服务“一网、一门、一次”改革实施方案的通知》（国办发〔2018〕45 号）部署推进审批服务便民化、“互联网 + 政务服务”、政务信息系统整合共享等重要工作落地。2018 年 7 月 25 日，《国务院关于加快推进全国一体化在线政务服务平台建设的指导意见》（国发〔2018〕27 号）部署加快建设全国一体化在线政务服务平台。2019 年 4 月 1 日，由浙江省市场监管局为第一起草单位、以“最多跑一次”改革经验为基础的《审批服务便民化工作指南》国家标准在全国正式实施。

二、农合机构助力“最多跑一次”改革的主要经验

1. 推动行政服务“跑一次”，优化企业营商环境

农合机构紧紧围绕企业在注册、经营等过程中的各类事项，加强与市场监督管理、税务等有关部门的合作，通过多方信息数据共享、在银行网点开设代办窗口、派人进驻部门办事大厅等方式，为企业提供“一站式”的综合服务，以简化流程、提升效率、改善体验为重要抓手助力优化企业营商环境。2018 年 5 月 23 日，人民银行发布了《关于试点取消企业银行账户开户许可证核发的通知》，率先试点的地区为江苏泰州市和浙江台州市，从 6 月 11 日开始实施，试点取消企业银行账户开户许可证核发工作，企业客户可在半日完结开户手续并在当天即可存取款。

案例：浙江农合机构围绕企业经营痛点难点堵点，深化与政府部门合作，实现企业办理工商、税务等事项在多个政府部门由“多头跑”“往返跑”向到农合机构网点“跑一次”的转变。一是从工商注册到银行开户“只跑一次”。与市场监督管理局合作，到 2019 年 9 月末，80 家农合机构 1541 个网点代办企业工商年检（企业开户情况、股东等信息变更年度报告）、个体工商户登记、营业执照注册登记等 4 个事项，累计代办 10203 笔，覆盖 98.89% 的县（市、区）。如路桥农商银行在网点布放工商自助机具，客户在银行网点即可完成营业执照的申请和发放（打印），使得业务办理周期从至少 2 ~ 3 天压缩到 2 ~ 3 小时。二是税银业务互动“一体办理”。与税务局合作，到 9 月末，52 家农合机构 302 个网点代办开发票和税票申领 2 个事项，累计代办 155.67 万笔，覆盖 63.33% 的县（市、区）。如江山农商银行在网点设立

7×24 小时开放的税银自助服务区，实现代开增值税发票、税票申领等一站式办理。三是不动产业务高效办理。与自然资源厅合作，到 9 月末，80 家农合机构 1694 个网点代办不动产变更、房产抵押等 6 个事项，累计代办 53.61 万笔，覆盖 98.89% 的县（市、区）。如萧山农商银行依托不动产抵押登记——不动产信息银行服务平台系统，实现不动产抵押查询“自己办”，实现不动产抵押贷款业务客户由到不动产登记中心和银行“分开跑”向到银行“跑一次”的转变，办理时间从一般需要 2 天压缩到 1 个小时。

2. 聚焦民生福祉，谋求人民群众办事“就近跑”

全国农合机构法人 2213 家，营业网点 160984 家，遍布全国各大乡镇、农村。农合机构以“最多跑一次”改革为契机，全面深化与社保、公安等相关部门的合作，代办社会保障卡申领、基本医疗保险关系转移、市民卡（社保卡）、公积金提取、居住证、户口注销、机动车登记等民生事项，推动实现老百姓在农合机构网点就近办理相关业务，既解决了过去进城办事费时费力费钱的烦恼，也一定程度上分流了相关政府部门的政务服务压力。

案例：浙江农合机构依托 4123 个营业网点、11169 个丰收驿站的物理渠道优势，一支 5.4 万名懂农业、爱农村、爱农民的“三农”工作队伍优势，推动人民群众办理社保、公安、公积金等事项由“往城里跑”“多次跑”向浙江农合机构网点“就近跑”的转变。一是聚焦社保民生实事，与人力资源和社会保障厅合作，到 2019 年 9 月末，81 家农合机构 3156 个网点代办社会保障卡申领、基本医疗保险关系转移、市民卡（社保卡）等 94 个事项，累计代办 4305.3 万笔，覆盖 100% 的县（市、区）。如临海农商银行实施“社银联通”工程，实现自谋职业人员参保登记及税务签约从跑就业管理处、银行、税务局 3 家单位向只需到就近农信网点的转变，至少节约了半天时间。二是聚焦群众住房大事，与公积金中心合作，到9月末，80家农合机构1346个网点代办公积金提取、查询等6个事项，累计代办46.39万笔，覆盖98.89%的县（市、区）。如杭州联合农商银行与市公积金中心合作，实现在银行网点办理公积金提取、按月转账等业务，将公积金贷款流程压缩到1个工作日。浙江农合机构还上线“公积金账户查询提取”线上办理功能，用户无须提供任何材料，只需打开手机银行，通过人脸识别进行身份核验后，就可轻松办理公积金查询、提取业务。三是聚焦办证“小事”，与公安厅合作，到9月末，81家农合机构2044个网点代办居住证、户口注销、机动车登记等4个事项，累计代办230.95万笔，覆盖96.67%的县（市、区）。如磐安农商银行与县公安局共建111个“警银驿站”，基本实现村级覆盖，惠及10多万山区群众。

3. 加速金融科技赋能，推进移动办事“不用跑”

全国农合机构积极发挥省联社省级科技大平台优势，积极探索运用大数据、云计算、人工智能等技术，不断优化贷款等金融服务的流程，提升普惠金融服务的覆盖面和可得性。围绕政府数字化转型，加强与相关政府部门大数据对接，让信息数据多跑腿，让群众少跑腿，从“最多跑一次”升级到“一次都不用跑”，提升农合机构农村金融市场竞争力，助推各项业务高质量发展。如市民卡项目作为政府的一项民生工程，市民对其认知度和接受度高，农合机构深挖市民卡附加场景功能，不断丰富市民卡在医疗、公交、学校、图书馆、菜场、车站、办公区域等地的场景应用，让智慧城市建设不断贴近群众需要，进一步提高客户粘度。

案例：浙江农合机构依托浙江数字经济先发优势和杭州信息经济的高地优势，推动科技引领数字化转型，充分发挥省联社科技大平台作用，连续 11 年深入挖掘“走千家、访万户、共成长”基础数据，推动网上网下融合，助推“互联网 + 政务服务”，以数据共享推动业务协同，让数据多跑路、让群众少跑腿甚至不跑腿。一是实现社保业务“掌上办”。打造“社保金融云”，对接人力资源和社会保障厅和医疗卫生系统，在丰收互联上推出云上人社服务，开放实名认证、人脸识别服务，创新推出实体社保卡线上申领服务，推出电子社保卡业务，实现社保卡激活、挂失、注销、照片上传等服务线上自助办理，实现脱卡就医、购药。到 2019 年 9 月末，电子社保卡申领、社保查询和参保证明打印等“互联网 + 人社”服务实现全省覆盖，电子社保卡签发量 139 万张。二是“医疗金融云”平台缓解医疗难题。打造以丰收互联 APP 为入口，线上线下一体化的“医疗金融云”平台。老百姓通过登录丰收互联 APP 平台，即可实现线上就医、线上线下全渠道支付，能享受健康服务机构、医药电商、保险机构等为客户提供的在线问诊、健康自检、药品配送等服务。推出纯线上“信用医疗”金融服务，通过大数据授信给予百姓 100 元至 3000 元不等的信用额度，享受“先看病、后付费”服务，实现挂号就诊和缴费支付免排队。三是创新互联网信用贷款“浙里贷”缓解融资难题。整合“走千访万”积累的内部数据和公积金中心、税务局等外部数据，创新推广“浙里贷”，实现客户在手机银行上一键申请即可全线上“秒速放贷”，到 9 月末已经向 31.99 万名客户授信 403.42 亿元。

三、农合机构深化助力“最多跑一次”改革的主要启示

“最多跑一次”是民之所望、施政所向，是我国政府当前和今后一个时期引领“互联网 + 政务服务”乃至政府治理转型的发展方向。农合机构助力“最多跑一次”改革，切入点是政银合作

深化为民服务，结合点是政府资源与农合机构优势相融合，落脚点是普惠金融助推经济高质量发展。我们必须要进一步发挥优势，主动参与，持续探索金融服务和政务服务的互联互通，不断创新运营模式和服务品牌，促进多方互惠共赢。

1. 聚焦普惠金融和核心市场定位

作为社区性地方金融机构，农合机构是农村金融服务的主力军，长期致力于服务“三农”、民营小微企业和地方经济社会发展。因此，农合机构助力“最多跑一次”改革，必须秉持普惠理念，坚守存贷主业，扎根本土，加强与各级地方政府的深度合作，充分发挥自身点多面广以及处在群众和企业“最后一公里”的末端等独特优势，着力推动金融科技赋能转型升级，探索创新普惠金融服务新模式、新渠道、新方法，推动普惠金融工作做深做实做细，深化落实以人民为中心的发展思想，真正做到实现好、维护好、发展好最广大人民的最根本利益，让发展成果更多更公平惠及全体人民。

2. 聚焦社会责任和乡村振兴战略

作为地方经济社会的重要一员，农合机构必须不断深化自身改革，最大限度提升金融服务质量与水平，深入社区、服务社区，永远与社区百姓和企业同呼吸、共命运、心连心，永远把当地人民群众对美好生活的向往作为奋斗目标。农合机构助力“最多跑一次”改革是承担社会责任的新手段，是服务乡村振兴的新举措。在实施乡村振兴战略的大背景下，农合机构作为乡村振兴的金融主力军和排头兵，应群众需求而生、为解决问题而变，需要扎实助力“最多跑一次”改革，立足优势，在巩固现有“最多跑一次”改革成果基础上进一步延伸，发挥党建共建、支部结对等载体作用，支持农村产业升级，完善升级各乡村金融服务网络，坚持创新驱动，以高效精准的服务水平和业务运行机制，跑出金融服务乡村振兴加速度。

3. 聚焦银政平台和核心竞争力

随着大中型银行推动渠道、业务、人员下沉，农村金融市场竞争日益激烈。农合机构深化助力“最多跑一次”改革，使自身在激烈的市场竞争中占据优势。一方面以客户体验为标准倒逼深化自身改革，完善部门职责，优化资源配置，提升运行实效，实现强肌体、固根基、增活力。另一方面把金融元素与政府职能深度融合，打造银政合作品牌，实现高效率、高品质、高标准的金融服务，换来好口碑、好体验。充分利用“最多跑一次”政银合作体系，与相关政府部门对接实现公共数据共享，打破数据信息孤岛，营造便民高效的服务环境，对客户特征、行为等多维度数据进行分析和挖掘，增强网点核心竞争力。

4. 聚焦业务基础和高质量发展路径

农合机构助力“最多跑一次”改革，实现与单位部门的资源共享，通过优质的服务，让当地政府认可农合机构的理念，为农合机构夯实基础业务、实现高质量发展奠定长远政银合作基础。在金融科技飞速发展的带动下，农合机构的营销获客手段从单一线下物理网点向线下线上协同拓展转变，通过便捷服务、跨界合作、账户互通、场景应用等举措来拓宽获客渠道，一站式地为用户提供多效便捷的政务服务，提升群众对农合机构的品牌认知度，进而达到在拓展渠道的同时也巩固了原有的客户资源的目的。

专题四

农合机构公司治理实践经验与困惑

公司治理是农合机构深化改革的核心内容，也是培育自身核心竞争力的关键因素之一。为进一步夯实银行公司治理基础，银保监会将2018年确定为银行“强化公司治理年”。在政策指引下，全国农合机构在公司治理方面迈出了坚实的步伐，逐步建立完善有效的公司治理机制，切实提升了公司治理水平。

一、勇于探索公司治理新模式，坚持把党的领导融入公司治理各个环节

坚持党的领导是重大政治原则。探索中国特色农合机构的公司治理机制，就是要把加强党的领导和完善公司治理统一起来。中国特色的最大优势在于，通过发挥党的领导作用，广泛凝聚各方共识、不断增进团结协调，充分调动各方积极性、创造性，以集体智慧、集体力量推动银行的可持续发展。推进党建工作要求写进公司章程，明确党委在公司治理结构中的法定地位，完善“党委核心领导、董事会战略决策、监事会依法监督、高级管理层授权经营”的现代公司治理体系。在公司治理实践中，注重坚持“四个融合”。

1. 在组织架构上，党委核心领导与公司治理程序有机融合

党委融入现代公司治理结构，是党委发挥领导核心作用的前

提与保障。党的领导具体体现为“领导核心、统领全局、保证监督”，通过民主集中制来实现。依照公司治理程序，党委班子成员通过双向进入、交叉任职，分别进入董事会、监事会和高级管理层，党委书记担任董事长，党委副书记担任行长、监事长，党委委员进入董事会，同时把党委的机构设置、职责分工、工作任务纳入公司的管理体制、管理制度、工作规范，有效促进党委领导核心作用与现代公司治理机制的有机融合。为进一步强化党建工作总体要求，明确党委在经营管理决策、执行、监督各环节的权责和工作方式，以及与股东大会、董事会、监事会、高级管理层之间的关系。

2. 在战略决策上，党委统领全局与董事会战略决策有机融合

董事会作为公司治理架构中的决策机构，重点在战略决策、高管管理、薪酬管理和风险管理等方面发挥主导作用。党委重在谋全局、议大事、抓重点，积极提出重大改革发展的意见建议，以此作为董事会制定战略的重要依据。在具体程序上，党委研究讨论是董事会、经营层决策重大问题的前置程序，重大经营管理事项必须经党委研究讨论后，再由董事会或经营层做出决策。党委成员结合改革发展大局，提出发展战略、风险管理战略以及重要改革方案，经党委会集体研究后，向董事会提出意见建议，由董事会按照公司治理程序决策，纳入公司战略管理体系。董事会进一步强化战略管理职能，明晰战略管理的基本原则、组织架构、基本机制和工作职责，交由高管层细化和实施，并指导和督促高管层建立分工明确的战略分解责任体系，确保各项战略规划得到有效落实。

3. 在监督保障上，党委把关定向与监事会依法监督有机融合

监事会是公司治理架构下的监督机构，重点监督董事会、高级管理层的履职尽责情况。党委承担着贯彻中央经济金融方针政

策、维护国家整体利益的政治责任，对经营管理重大决策部署负有把关定向的监督责任，主要在坚定社会主义发展方向、贯彻落实党的路线方针政策和国家经济金融政策、确保正确的政治路线思想路线上发挥把关定向作用。贯彻执行党委决定，发挥监事会的独立监督作用，对董事会履行战略管理职责，对高级管理层实施经营管理的成效进行独立监督，及时掌握董事会战略制定和高级管理层战略执行的总体情况。

4. 在经营管理上，党委推进深化改革与高管层经营有机融合

高管层是公司治理架构中的执行机构，根据董事会的经营发展目标，制订年度经营管理工作计划，落实经营发展责任。党委不直接干预高管层的日常经营管理，而是通过两种方式推进改革发展。一方面，党委书记、董事长以一定形式参与管理决策，党委副书记担任行长、部分党委成员担任副行长，把党委的决策意图落实到经营管理计划和发展责任之中，通过党员高管执行党委决定、细化落实措施，确保党委的意见得到有效贯彻，使党委与高管层共同决策、共同执行、共同承担责任；另一方面，党委通过各级党组织统领和推进基层经营机构的改革发展，以党建带工建、带团建，带领工会、共青团组织和广大员工群众，积极支持和参与深化改革、转型发展。

二、进一步加强股权管理，深入开展股权排查整治工作

股权管理是农商银行公司治理的重要内容，影响着公司治理的架构和有效性。加强股东股权管理，是推进公司治理机制建设的必然要求，更是整治农商银行市场乱象、弥补制度建设短板的重要内容。2018 年，根据银保监会制定的《农合机构股东股权专项排查整治三年规划》要求，农合机构应全面开展专项自查，各银保监局自 2018 至 2020 年，每年按照不低于 30%、35% 和

35%的比例进行抽查。其中，2018 年重点抽查拟改制为针对农商银行机构、由高风险机构改制的农商银行以及股东股权管理严重混乱的机构等三类机构。此次排查覆盖了全部农商银行、农合行、农信社，共涉及持股 1%以上的股东 2.8 万个，股东关联人 6.5 万个，排查股份占农合机构全部股份的 76%。

2018 年以来，各地农合机构根据自身实际，结合排查要求，着力强化股权管理。一是进一步规范完善股权管理体系。明确董事长为股权管理第一责任人，董事会秘书为股权事务的直接责任人，董事会办公室为股权管理的主责部门。部分农合机构探索建立了股权管理部门与其他业务部门协调运转机制，提高股权管理工作实效。如顺德农商银行成立了跨部门的股权管理办公室，下设企业法人资格审查岗、股份质押与关联业务管理岗、股权纠纷及诉讼管理岗等，负责全行股份管理工作。二是进一步完善股权管理制度建设。农合机构对照监管要求，将规定的股东权利义务等内容写入公司章程，并重新梳理、更新制定股权管理办法的制度体系，进一步规范和完善股东资质、股东行为、关联交易、股权管理、信息披露等内容。三是进一步完善股权管理系统建设。多数农合机构均自主开发了股权管理系统，在系统中设置了股权转让、质押、查封冻结等流程，对股权管理全流程实现了系统操作、归口管理，提高股权管理的规范性。如顺德农商银行自主开发了前台（柜面）股份交易和统计查询管理系统，拥有股东开户、股份转让质押冻结、账户信息维护、分红、股东大会信息登记、确权、旧股金清退等 7 大功能模块，共计 28 个交易功能，能实现股份转让、股份质押、股份查封冻结、股票本挂失补发、股东信息变更、股东信息查询、出具持股证明、确权、股东大会委托及选票登记等功能，全面覆盖股权管理的所有业务。

三、抓好公司治理评价评估，进一步完善治理框架

开展公司治理主体履职评价、完善绩效考核评估，是助推公司治理落地的重要措施，也是探索外部治理与内部治理形成良性互动的有效尝试。《商业银行股权管理暂行办法》（银监会 2018 年第 1 号令）明确了主要股东信息报送责任、农商银行信息核实责任以及监管部门的最终认定责任，建立健全了股东、农商银行、监管部门“三位一体”的穿透监管框架。

一方面，强化了对公司治理主体履职的监督和评价，促进提升履职能力，进一步推动农商银行明确“三会一层”职责边界和各治理主体的履职要求，确保董事、监事具备相应能力，有效履行自身职责，充分发挥各专门委员会作用，真正实现农商银行持续稳健运行。如江阴农商银行为每名董监事建立了履职档案，完整记录董监事参加会议的次数、独立发表的意见、建议以及参加调研等情况，动态跟踪董监事诚信尽职情况，年末董监事会分别出具履职评价报告，多维度提升董监事履职尽职能力。杭州联合农商银行按年对董监事开展履职评价，评价标准包括出席会议情况、参与议事积极性、提出建议的有效性等方面，并且所有的评价基于签到情况、会议记录等客观依据，这对董监事积极参会、参与议事等起到了一定的引导、约束和激励作用。

另一方面，加强对绩效考核的行业指导，发挥好绩效考核的导向作用。建立服务于战略定位、与自身风险文化相匹配、兼顾收益与风险、长期激励与短期激励相协调、审慎稳健的绩效考核体系。如莆田农商银行制定高管薪酬激励办法。董事会每年制定发展目标，由董事会与高级管理层签订经营目标责任状，并按年度经营目标完成情况确定行长、副行长薪酬；合理设计董监事薪酬激励办法，每年根据董监事出席会议、提案质询、发表专业意

见等工作实际，发放履职津贴，为董监事勤勉履职创造正向激励机制。

四、公司治理探索之路上存在诸多困惑与建议

股东资格准入方面。鉴于金融机构的行业特殊性，监管部门对银行股东资格有较高要求，为银行的持续稳健发展提供了坚实保证。但在股权管理实践中，时常会遇到司法裁定的股权受让方与监管规定中股东资格要求不一致的情况。此时，银行如按照司法裁定直接将受让方载于股东名册，有违监管要求，如以受让方不符合股东资格为由不执行司法裁定，又存在着被司法机关处罚的可能。而且，随着银行股权托管工作的完成，部分托管机构办理股权司法强制过户业务，无须经过银行预先审核受让方资格，而是按照司法协助执行通知书要求直接办理过户，银行在司法执行过程中难以实现资格审核。因此，需要监管部门联合司法机关等部门，在法律法规制定方面进行有效对接，提高股权管理质量与效率。

探索长期激励机制方面。目前，在农合机构绩效薪酬激励中，以货币方式为主的短期激励占据主导地位，股权激励等中长期激励工具不足。薪酬工具期限搭配不平衡有可能导致高管更注重短期利益，在一定程度上可能会扭曲薪酬制度的正向激励作用。股权激励制度是一种有效的市场化手段，能够有效解决委托代理问题，在公司治理实践中被广泛应用。当前，银行业竞争异常激烈，人才成为最重要的资产，实施股权激励，吸引精英人才，留住核心人才，成为农合机构创新、转型、发展的重要手段。因此，建议监管部门出台“商业银行股权激励指引”，鼓励农合机构完善激励机制，实施股权激励，利用市场化手段增强对企业管理层和核心团队的激励效果，保障农合机构稳健经营和可

持续发展。

部分农商银行上市后身份转变方面。部分农商银行上市后，投资者作为公司治理主体的重要性进一步提升，由此带来投资者关系管理、市值管理等新课题。虽然初步建立了相应的管理制度，但是面对资本市场外部治理要求，对标先进同业，投资者关系管理和市值管理仍是一个应持续提升的过程。这就要求农合机构需要以更加积极、开放的态度，与投资者和资本市场加强互动，不断向市场展示良好形象，获得更好的价值认同。

公司治理没有放之四海皆准的标准模式，没有最优，只有更优。当前，我国经济从高速发展转向高质量发展，金融监管体系改革深入推进，公司治理建设面临新环境、新要求。农合机构应以此为契机，持续优化公司治理结构，使整体公司治理水平上升一个新台阶。

专题五

不良贷款清收经验与启示

随着经济增长下行压力的加大、经济结构转型升级的加快推进以及利率市场化改革的加快实施，我国银行业不良贷款加快暴露，银行不良贷款处置压力随之加大。防范和化解重大风险，尤其是金融风险，自然成为三大攻坚战之一。其中，农合机构风险防控是重点领域和薄弱环节。因此，总结梳理农合机构不良贷款清收实践经验和启示，有利于为全国农合机构守住不发生系统性风险的底线提供借鉴。

一、农合机构不良贷款清收的困难

1. 不良压力持续加大，清收任务日益繁重

受国内经济增速放缓以及经济结构加快调整影响，企业盈利能力下滑，特别是煤炭、钢铁等产能过剩行业受政策影响面临较大洗牌，部分授信客户无法持续经营，贷款违约风险明显上升。同时，随着监管政策调整，要求银行充分暴露坏账，逾期 90 天以上正常类贷款全部计入不良贷款，导致银行业不良贷款发生额不断增加，风险防控压力持续攀升。到 2019 年第三季度末，全国农村金融机构不良贷款余额 9138.95 亿元，较年初增加 944.56 亿元；不良率 4.93%，比年初减少 0.06 个百分点。

2. 传统手段清收难度大，市场化处置渠道较窄

目前，现金清收、诉讼追偿、核销剥离仍是农合机构主要清收手段，但存在进度缓慢、金额有限等局限，部分农合机构当年清收处置金额无法抵消当年新增不良金额。主要原因有：一是进入不良金额名单的授信客户普遍经营困难、现金流不足、偿债能力差，处置难度较大。二是当前银行业利润普遍下滑，部分基础薄弱的农合机构没有足够利润来核销不良贷款。同时，受金融牌照、风险识别控制能力限制等影响，债转股、资产证券化、打包转让等市场化处置渠道较难扩展，清收渠道相对单一。

3. 司法处置执行难，诉讼追偿效率低

诉讼追偿作为银行处置不良贷款的主要手段之一，面临耗时长、见效慢等问题，特别是近年来经济下行压力较大，经营困难企业增多，银行业不良贷款诉讼呈现高胜诉率、低回收率态势。除经营困难企业偿债能力较低因素外，导致不良贷款执行回收低的原因有：一是部分债务人存在恶意逃废债行为，主要体现为跑路、隐藏转移资产，一些债务人甚至恶意串通虚构债权，故意通过管辖权异议、案外人异议等方式拖延诉讼，以合法形式达到逃废债务的非法目的。二是基层司法资源较为稀缺，法官在单个案件上投入的时间和精力有限。三是市场环境低迷导致资产处置难度较大，部分抵押物在拍卖市场价格持续走低，并且相关资产公开拍卖渠道有限，加之近两年来推入市场的资产数量快速增加，导致成交率和成交价格日益下滑。

4. 精细化管理有待提高

传统分散式的清收已不适应新形势下的清收要求。农村金融机构不良贷款较为分散，额度较小，但近几年大额不良贷款也不断增加。部分农合机构在总行（社）层面没有专设不良资产经营机构，对大额不良贷款的直接清收管理力度较弱。随着清收工作

的不断深入，清收难度也越来越大，对清收队伍和人员的能力素质等各方面的要求也越来越高，以及对清收人员的考核激励也越来越重要。

二、农合机构不良贷款清收的实践

2018 年以来，面对金融风险加速暴露，不良贷款处置压力加大的严峻形势，农合机构积极创新、多措并举，在不良贷款清收处置方面进行积极探索，全力攻坚不良清收，取得了一定成效。

1. 巧打感情牌，清收有情有理

农合机构具有本乡本土、人熟地熟的优势，对于出现不良贷款的客户，不以“依法起诉”相威胁，不一味激化矛盾，而是放弃对立，与客户合作协商解决方案。首先，学会倾听，换位思考，在此基础上，向客户细说产生不良贷款将会带来的不利影响，包括诚信遭到破坏、形象受到损坏、朋友之路越走越窄、经营困难会越来越多等。对配合意愿较差的客户，从借款人的配偶、儿女、亲属、朋友中，选择对借款人具有有重要影响力的人物，由其进行劝导。其次，与客户共同分析问题，查找根源，寻找出还款的最佳途径。主要是帮助客户客观分析经营中出现的问题，进而参与到经营核算中去，帮助提出增收节支的具体措施，提高客户盈利水平，降低客户经营成本，力争取得成效，促进不良贷款的收回。

2. 内外联动，提升诉讼追偿效率

能够在依法起诉前，使问题得到解决才是最好的选择，既能节省时间，又能节约开支，还不伤害感情。一旦进入诉讼追偿阶段，注意权衡利弊，把握时机，务求诉必胜、胜必有成果。

（1）加强与司法部门沟通协调。争取法院等司法部门的认同支持，通过创新工作机制、开辟绿色通道等途径，加快金融债权纠纷案件立案、审理、执行进度，缩短诉讼时间，提高执行效率。比如，易门农商银行与当地法院建立联动机制，加强沟通，开辟绿色通道建立了农商银行临时法庭，抽调专门法官专门执行人员，专职负责农商银行的执行案件。马鞍山农商银行通过与当地管辖法院合作联动，成立了马鞍山市金融商贸诉调对接中心，并派驻客户经理，建立客户经理代理案件机制，实施诉调对接，实现快速高效地处置不良资产。

（2）拓展财产查找渠道。对债务人资产的调查及围绕资产的处置活动是不良贷款清收的重要工作内容。一方面，抓住了债务人的有效资产，也就掌握了清收的主动权，我们可以“打”（直接处置资产），也可以“以打促谈”（直接处置资产较难实现，但可通过处置资产迫使债务人和解）。另一方面，抓住了资产并不等于就大功告成，资产的处置也可能困难重重。我们还需要坚定的决心，细致的工作，要上下联动，调动全行力量合力清收。

3. 顺应新形势要求，调整不良清收处置模式

随着农村金融机构业务的发展，大额不良贷款逐年增多。在这样的背景下，原来分散式的清收体制已不适应现实需要，农村金融机构的清收体制逐渐由“分散式”向“半集中式”转变，即小额不良贷款仍下沉到基层分支机构负责清收，而大额不良贷款集中到一级分支机构、甚至总行（社）直接负责清收。强化总行（社）在大户清收中的主导作用，充分发挥基层分支行在中小户清收中的优势，建立既各司其职，又协调一致的清收模式，充分发挥各自的优势，共同推进不良资产清收工作。

4. 优化绩效考核，调动清收积极性

在清收绩效考核上，部分农合机构已形成“以万元含量定绩效、以综合完成率定单位得分排名、绩效分配兼顾个人与集体”的双向考核、双重分配机制。一是将资产经营指标考核纳入全行

经营业绩考核办法，同时在考核中引入各支行不良贷款余额和清收额占全行比重的因素，各支行资产经营指标是否扣分不但要看本行清收任务完成情况，还要受其他支行清收进度的影响，使清收任务从绝对数转变为相对数。促使各支行之间形成比赶超的良好态势，进一步加快不良资产清收处置进度。二是按照责权相统一、效率优先兼顾公平的原则，不良资产清收绩效要依万元含量制，按一定比例在管理单位和清收人员之间进行分配。三是强化总行对支行的扁平化条线考核管理，直接监控和考核支行，实行条线统一考核排名，直接指导支行的业务及考核操作。

同时，强化一把手负责制。不良清收工作是一项重要工作，也是一项困难工作，分支机构一把手直接负责本行大项目的清收并纳入管理考核，总行全程督导、服务并定期通报清收进展情况。一把手带头清收，激发了清收人员的清收积极性，对清收工作起到了促进作用。

三、农合机构不良贷款清收的启示

增强创新观念，营造勇于创新、敢于突破的氛围，用新思路研究新情况，解决新问题。

1. 强化贷款管理是做好不良清收的治本之策

农合机构不良处置工作应坚持清收处置与优化信用环境相结合、清旧与堵新相结合的工作原则，持续加大增量贷款风险控制力度，防范增量贷款风险。一是坚持宗旨定位。深耕支农支小主业，坚持做小做散、控大扶小，加大对实体经济和小微企业扶持力度，并逐步压缩存量大额授信，优化信贷结构。二是加强系统建设。建立风险预警系统，完善风险控制模型，加强客户风险识别预警。三是注重对借款人第一还款来源能力的审查。改变过去那种过分注重第二还款来源的做法，着重考量借款人生产经营情况、未来现金流情况，减少对抵押物的过分依赖。

2. 树立价值思维是攻坚不良清收的决胜之要

不良贷款的持续增加已经显著侵蚀了银行的盈利基础，不良资产处置的特殊地位和作用日益显现出来。必须树立“价值思维”，充分认识不良资产处置的价值贡献度。不良资产既是风险高、损失大的特殊资产，也是具有不同回收价值的资产，关键是要经营管理得当，以最大限度获取价值回报。对于不良贷款应区别对待，通过细致的尽职调查，将有潜在价值和无潜在价值的不良贷款进行区分，对于有潜在价值的，则要树立“经营”思维，把握未来的价值收回；而对于无潜在价值的，则应尽早处置，防止“冰棍效应”。这其中应当明确，不良资产处置是创造价值的经营行为。当前，盈利增速持续下滑是银行业面临的共同挑战。

解决这个问题，首先要从“开源”入手，通过经营转型，开拓新的市场、客户和业务，但也要注意在“节流”上做文章，特别是加强不良资产处置工作，尽可能降低资产损失。应该看到，通过不良资产处置，收回来的往往都是真金白银，即使是贷款形态的正常化，也会节约拨备、降低不良率，这些都会直接或间接地从财务上、风险上为全行作出贡献。可以说，破解利润—不良—拨备不确定的三角难题，不良资产处置发挥着重要作用。还要看到，当前不良资产处置面临着新的环境，主要表现在：不良资产总量大、压力持续时间长，在经济L形走势中，银行在未来相当长的一个时期内都面临较为繁重的处置任务；处置难度较高，司法框架下的债权清偿实际效果欠佳，部分企业有着潜意识的逃废债冲动；不良资产“病因”复杂，导致既有恢复无望的“僵尸”企业，也有一些暂时遭受了“皮外伤”但前景良好的优质企业。所有这些情况，都要求银行以价值为导向，以经营管理为抓手，以转型创新为支撑，更加扎实地做好不良资产处置工作。

3. 创新处置措施是提高清收效率的关键之举

新形势下，不良贷款的处置必须形成合力，在传统清收手段的基础上，要结合自身的特点和优势加大创新力度，以提升不良贷款处置效率。

集中清收与属地清收相结合。建立专业化清收团队，将分支行依靠自身力量难以清收的不良资产集中到一级分支机构，甚至总行（社），由专业化清收团队集中开展清收，原分支行给予协助配合。对于清收难度较小的不良资产，由分支机构清收团队负责属地清收。其优点如下：一是可减轻分支行经营和管理压力，减少人力成本、清收费用等资源耗用，释放生产力，集中精力发展业务。二是可发挥一级分支机构和总行专业清收团队优势，减少地方政府行政干预带来的障碍，更加有效地开展打包处置、集中外包、创新手段处置。三是有利于发挥总分行联动效应，将总行专业优势与分支行地缘优势有机结合，形成合力。

内部清收与委外清收相结合。在有效发挥内部清收潜能的基础上，可借助外力，充分挖掘外部清收渠道，积极开展不良资产委外清收。可通过招投标，好中选优，建立委外清收中介机构渠道，主要是律师事务所、催债公司等，将部分不良资产以风险代理的形式委托外部中介机构代理清收。适合委外代理清收的不良资产主要是小微企业、信用卡类不良资产，以及法律关系、社会背景复杂的不良资产。这些不良资产户数多、金额小、分布广、人力资源耗用大、清收难度大，依靠银行内部清收，效率低、成本大，并且效果不一定理想。而委托外部机构清收，虽然花费一些费用，但是只要评估准确、定价合理，可有效发挥外部机构的专业优势和地缘优势，综合效益较好。

个案清收与批量清收相结合。在当前不良资产户数多、金额大、增加快的情况下，不良资产处置要快进快出，提高效率。应积极采取批量处置、打包处置、集中外包等集约化方式。加强与资产管理公司的合作，通过制度安排，形成优势互补。比如，通过市场化途径将不良贷款向资产管理公司转让后，由资产管理公司继续委托银行进行清收处置，最大限度地提升不良资产处置价值。通过强化与资产管理公司的合作，既可以有效缓解银行不良资产短期处置压力，又可以对不良资产实施精细化专业化处置。开展合作业务后，银行与资产管理公司之间从一次性的不良资产买卖关系转变为长期稳定的业务合作关系，从传统的不良资产交易对手上升到联系更为紧密的新型合作伙伴，真正实现双方互利共赢。

专题六

农合机构零售业务转型研究

面对经济发展新常态、全面深化金融改革、同业竞争日趋激烈带来的机遇和挑战，农合机构面临业务转型升级的发展压力。作为银行业务的一大核心领域，零售业务聚焦财富管理、消费金融、小微金融等领域，逐渐成为银行创收增效的重要引擎。农合机构因点多面广、业务小而分散，发展零售业务具有较好的优势。加快零售业务转型，对推动农合机构回归本源、聚焦主业、下沉重心均有着积极而重要的意义。

一、农合机构零售业务发展现状

1. 业务渠道狭窄，服务效率不高

农合机构以线下业务为主，尤其以网点服务居多。其网点集中分布在城乡结合带和乡镇驻地，网点装饰、设备配置标准不统一，业务功能区域划分较为简单。随着信息技术发展、互联网普及，部分农合机构陆续开通网上银行、微信银行、手机银行等线上渠道，但对线上线下如何融合思考不足、措施不多，部分农合机构仅仅将线上和移动端渠道作为物理网点的补充而设立，造成渠道建设单兵突进、人力和财务浪费，未形成“拳头效应”，客户体验仍有待提升。

2. 业务产品单一，创新能力不足

受制于监管评级、牌照资质等因素，农合机构理财、保险、代理基金、国债、贵金属、私人银行、保管箱等业务未全面开办，多数农合机构零售业务以传统的存款、贷款、结算等业务为主。随着社会经济不断发展，金融服务需求由单一的存贷汇业务向理财、投资、咨询、财富管理等多元化业务演变，农合机构传统的零售业务已无法满足多元化金融需求。同时，在激烈的市场竞争环境下，农合机构创新研发能力尚显不足，尚未构建完善的产品体系，对农村金融市场不同层次客户的产品研发力度不够，产品结构单一且同质化严重，缺乏核心的零售产品，对优质零售客户的吸引力不够。

3. 业务拓展不深，营销理念不强

农合机构业务拓展依赖地缘人缘优势，以大堂营销为重点，但营销服务、外拓人员配备不足，缺乏统一、适用的营销话术。为打通信息“壁垒”，部分农合机构广泛组织开展“扫街”“扫楼”等活动，对客户信息也进行了相应的采集、维护和储备，但对客户关系的维护依然简单粗放，没有系统支撑其进行客户关系管理，没有运用模型或参数进行精准识别和选取客户，致使业务营销不能细分客户群体，导致营销大众化、服务同质化，对不同层次、不同类型、不同需求的客户无法提供相匹配的有特色的服务产品和营销方式。

4. 业务管理粗放，风控体系不全

与公司业务相比，零售业务具有客户类型多、客户分散、交易金额小、业务频率高等特点，客户群体抗风险能力整体偏弱，农户、农民专业合作社、个体工商户等客户群体信用、财务管理、经营信息缺乏或获取较难，部分农合机构客户经理习惯于凭传统经验办事，未能实施精细化、流程化管理，在一定程度上影响了零售贷款业务的合规稳健发展。此外，部分农合机构风险防控机制不健全，风险预警机制普遍存在新技术应用不足的问题，粗放的风险管理与多元化的风险类型之间的矛盾亟待解决。

二、银行零售业务发展趋势

1. 业务数字化

随着云计算、大数据、移动互联网、人工智能、区块链、物联网等信息技术应用发展，社会经济活动更多以数字化形式呈现，信息技术与经济社会各领域更深层次的融合使得数字经济跃上舞台，并成为发展最快、创新最活跃、辐射最广泛的经济活动。随着金融供给侧结构性改革的推进，在供需过程中银行势必借助于大数据的运用，对原有业务模式进行优化，形成线上线下融合的经营模式，实现跨渠道、跨部门、跨系统的连续性和可持续性业务经营。

2. 服务智能化

国内大部分大中型银行都将网点智能化转型升级作为战略重点，客户零距离触及银行最尖端创新服务，感受科技冲击与颠覆性操作体验。推出智能网点，建立快速业务办理区，通过智能机器人、智能柜员机等自助设备，办理各类非现金业务，减少客户等候时间，简化服务操作流程；设立客户体验与产品展示区，深入客户生活，营造营销场景，洞察潜在机会，满足多元化需求；开辟中高端客户服务区，以高科技设备和大数据分析，提供一站式高端服务体验，实现业务全覆盖。

3. 产品综合化

随着银行与实体商店、网上商城等商业机构的联盟和伙伴关系逐步加深，国内许多银行零售业务已开始借助社会网络、经济网络、产业链条等逐步由金融向金融与非金融相融合的综合化领域转变。通过扩充网上银行和手机银行功能，实现大众化、标准化的理财、保险、基金、信托、信贷等零售业务产品，以及日常消费品、生活周边服务等一体化产品的销售。

4. 营销多样化

零售业务营销方式已从传统的产品营销、关系营销向科技营销、场景营销迈进。科技营销通过大数据比对分析精准识别潜在客户。比如，通过将客户的产品持有情况、业务办理喜好，以及在社交网络、搜索网站、购物网站上的浏览记录、客户信息等数据聚合，深入挖掘并预测客户潜在需求，实现客户分类管理和精细化营销。设置各种场景营销满足客户生活需求的情景，并通过与场景入口公司深化合作，打造综合服务生态圈使营销更加生活化、场景化，更能被客户所接受。

三、农合机构零售业务转型策略

1. 以理念为统领，加快推动转型

农合机构应树立“做小、做零售”经营理念，立足当地、服务“三农”，把服务实体经济作为经营出发点和落脚点，把更多金融资源配置到经济社会发展重点领域和薄弱环节，更好满足人民群众和实体经济多样化金融需求。一是做好转型顶层设计。决策层需对零售业务转型进行全面调查、综合分析、系统研究，制定科学的、可持续的战略规划，推动全行上下就零售业务转型愿景、目标和路径达成共识，凝聚力量、齐心协力推进转型升级。二是构建运营组织结构。根据当地市场情况和自身发展特点，选择最有利于本行零售业务发展的组织结构，不断完善内部组织，优化运营流程。三是健全绩效考核体系。围绕战略目标，综合内部管理、员工学习成长过程、业务发展规律等多种因素，分别制定员工、部门、分支机构不同阶段考核目标，兼顾财务指标与非财务指标、短期效益与长期发展、业务实现结果与业务推动过程，科学设置考核指标和考评方式，健全完善考核评价体系。

2. 以客户为中心，完善服务体系

针对普遍存在的产品同质化问题，农合机构需重视客户服务体验，构建以客户为中心的服务体系，提高零售业务核心竞争力，为可持续发展注入动力源泉。一是加强客户分层服务。制订客户分层方案，通过客户类型、金融需求、金融资产等维度进行客户分层，对银行资源有效分配，提供差异化的金融服务，为不同客户提供针对性服务方案。二是提供综合金融服务。顺应人民群众对美好生活的向往，通过与吃住行、游购娱、医学养等场景化平台对接，整合信息流、资金流、技术流，将银行金融服务嵌入学习、生活、工作场景，为客户提供综合金融服务。三是提升客户服务体验。改善客户体验是一项系统工程，不能仅简单关注客户体验独立触点，而应该注重客户在本行的“服务旅程”，从客户角度出发，沿整个“旅程”来审视客户体验。建立全方位客户反馈收集体系，包括针对银行服务、设施、产品、流程的整体评价和推荐评价，加强客户服务投诉处理反馈等，提升客户服务满意度。

3. 以智能为方向，开展业务创新

随着互联网技术、人工智能的不断深化，“新零售”时代已经到来，更快速、更便捷、更精准、更优质地服务消费者是零售业的精髓。农合机构必须提升金融科技能力，找到转型发展方向。一是推进渠道优化升级。一方面，加强电子服务渠道建设。对自助银行实施动态管理，按业务量配置机具数量、类型。建设系统化、人性化、完全化的电子银行服务平台，完善智能超级柜台、手机银行、网上银行等电子金融品牌。另一方面，加强网点标准化建设。打造统一的网点视觉形象，在营业厅堂功能建设环节本着客户分层、功能分区和业务分流的原则，完成物理网点服务功能升级。二是加强金融产品创新。顺应互联网、移动金融发展趋势，不断丰富和完善线上产品。利用移动互联网技术，推出移动金融生活平台，创新发展扫码支付、刷脸支付等网络支付结算产品；结合大数据、互联网等先进工具，针对目标客群创新线上信贷产品，建立客户“白名单”，实施精准营销服务；研发渠道产品，开拓电子渠道销售基金、国债、外汇、贵金属等投资理财类业务。三是加快智慧银行建设。农合机构结合实际，可组建“创新实验室”，全面布局金融科技，实现银行前中后台、线上线下各项业务的协同配合，提升银行生产、营销和风险防控效率，并在云计算、大数据、人工智能、区块链、物联网等领域探索，推进从科技价值到业务价值的转化，推动农合机构科技变革。

4. 以发展为驱动，强化队伍建设

面对银行零售业务转型趋势，农合机构面临的市场竞争、产品竞争、技术竞争，归根结底是人才竞争，强化队伍建设才能夯实零售业务发展基础。一是加强队伍结构建设。系统推进人力资源结构再调整，认真梳理和确定前中后台、管理机构与基层网点、服务型机构与营销型机构的人员配置，精减机关管理人员、网点基础运营人员，充实大量人力到前台和市场营销岗位，尤其是加大大堂经理、客户经理和理财经理三类岗位的人员配置力度，构建较为完整的业务营销团队。二是加强队伍质量建设。加强零售条线专业人才队伍建设，开展零售业务知识和营销技能培训，鼓励员工考取 AFP、CFP 等资格证书，为高价值客户提供理财规划、财富管理、私人银行服务，帮助客户实现资产保值增值。充分发挥理财经理专业作用，拓展中高端客户群，提供财富增值服务和高端客户专属服务，促进客户资金归行和沉淀。三是加强队伍稳定性建设。在建立稳定、透明、规范、有效的考核激励约束机制基础上，零售业务管理人员要加强与员工沟通，建立并完善清晰的员工职业生涯发展机制，做好优秀人才选拔与培养，在定制专属培训和职业生涯晋升问题上，将员工特长与业务需求、员工成长与银行发展相结合，增强归属感、认同感，针对离退休员工做好客户流失和商业秘密外泄的防范措施。

5. 以营运为基础，打造流程银行

农合机构在零售业务转型中，应加强风险管控建设。根据零售业务转型重点和方向，明确风险管理目标和措施，建立以风险识别评估为核心，以合规制度和流程为基础的，覆盖全员、全流程和全业务的全面风险管理体系。一是实施业务流程再造。以各业务条线为中心，梳理现有业务流程体系、业务风险点和薄弱环节，提出优化需求，并对配套的操作、管理、保障流程进行优化再造，建立良好的支持保障机制，提高运营效率、降低运营成本。以客户为中心，坚持服务客户、高效便捷、风险可控等原则，不断减少不必要环节，提高客户办理业务效率。二是树立合规经营理念。努力培育员工合规意识，让合规的观念和意识融合到企业文化建设之中，渗透到每个岗位、每个业务操作环节中，促使全员在开展经营管理工作时能够遵循法律、规则和标准。在全行上下推行合规人人有责、合规创造价值等合规理念，倡导“诚实、守信、正直”的道德价值标准、行为操守准则和企业文化。三是建立健全管控体系。逐步建立健全零售业务管理体系、产品体系、服务体系、渠道体系和风险防控体系，把风险有效防控与客户良好体验有机结合，业务稳健经营与银行改革创新有机结合，努力将电子化、信息化、科技化等新手段融入到银行风险管控中，加强零售业务风险预警、监测和问责，促进业务稳健有序发展。同时，做好零售业务成本收入核算，在深化客户关系管理的同时，不断提高谈判能力和利率定价水平，增加代理业务范围和品种，增加中间业务收入，提高零售客户综合回报，不断提升零售业务贡献度。

专题七

农合机构“小而美”发展模式的实践与启示

农合机构独特的历史起源、体制机制和特殊的政治定位，决定了农合机构不能照搬其他银行业金融机构的发展思路，必须探索适合自身的发展模式。各地农合机构开展积极的探索，积累了一定的成功经验。本专题阐述农合机构“小而美”发展模式的内涵、必要性等，从战略定位、发展方式等方面分析、实践、案例，进而总结提炼相关经验启示，为全国农合机构实现“小而美”发展提供借鉴。

一、“小而美”发展模式的基本概述

1. “小而美”发展模式的内涵

从服务对象看，“小而美”发展模式是指主要为“三农”、小微企业、中小民营企业等具有小散特征的客户提供金融服务。国发〔2003〕15 号文件明确要求，“把农村信用社逐步办成……为农民、农业和农村经济发展服务的社区性地方金融机构，充分发挥农村信用社农村金融主力军和联系农民的金融纽带作用，更好地支持农村经济结构调整，促进城乡经济协调发展”。这是国家赋予农信社的特殊使命，也是农信社生存发展的基本法则。从过去的发展实践看，即使在监管指标约束下，部分农合机构仍然受“逐利”因子驱使，盲目跨区域扩张，“离农脱小”，甚至加杠杆搞资金业务，偏离了服务“三农”宗旨和社区性地方金融机构定位。习近平总书记2017年7月在第五次全国金融工作会议上明确指出金融要“回归本源，服从服务于经济社会发展”，《中共中央　国务院关于坚持农业农村优先发展做好“三农”工作的若干意见》（中发〔2019〕1号）要求“推动农村商业银行、农村合作银行、农村信用社逐步回归本源，为本地‘三农’服务”，《中国银保监会办公厅关于推进农村商业银行坚守定位　强化治理　提升金融服务能力的意见》（银保监办发〔2019〕5号）指出“农村商业银行是县域地区重要的法人银行机构，是银行业支持‘三农’和小微企业的主力军”。因此，农合机构应该专注服务本地、服务县域、服务社区，坚守支农支小金融服务主业，服务对象以小散为主，存贷汇等业务以小额为主。

从机构定位看，“小而美”发展模式是指农合机构应该定位为中小银行，充分发挥差异化竞争优势。发展中小银行是优化国家金融机构体系布局的内在要求，也是深化金融供给侧结构性改革、增强金融服务实体经济能力的应有之义。从银行体系看，我国历来不缺大银行，缺的是定位清晰、特色鲜明、有生命力和竞争力的中小银行。习近平总书记在第五次全国金融工作会议上也明确要求“发展中小银行和民营金融机构”，在中共中央政治局第十三次集体学习时强调“增加中小金融机构数量和业务比重”。从银行自身发展而言，受规模经济和范围经济的影响，存在规模和业务扩张的冲动是必然的，也是可以理解的。但从整个社会来说，金融是实体经济的血脉，大型金融机构相当于人体主动脉，中小型金融机构相当于毛细血管；没有这个毛细血管，就实现不了边边角角的普惠。农合机构是中小银行的代表，由于机制灵活、决策链短、人缘地缘关系紧密、产品服务更接地气，在发展普惠金融上具有不可替代的优势，应该成为国家金融发展的对象。截至 2019 年第三季度末，农合机构总资产 35. 43 万亿元，占银行业的 12. 45%；涉农贷款余额 9. 41 万亿元，占银行业的 28. 79%；小微企业贷款余额 7. 93 万亿元，占银行业的 23. 68%。

从发展实践看，农合机构通过遵循“小而美”发展模式，是可以实现可持续高质量发展的目标。“小而美”是一条符合农合机构实际、有利于发挥农合机构优势的发展道路。“小”是指农合机构作为地方法人机构虽然机构小、规模小、客户小，但是“小”亦可以很美，“美”是指在所辖区域内形成比较优势，在规模、质量、效益和品牌上成为当地“小冠军”。比如 67 年来，浙江农合机构坚持“姓农、姓小、姓土”核心定位，坚守服务“三农”、服务小微、服务本土的初心，走出了一条“小而美、小而强”的发展道路。2019 年末，浙江农合机构存款余额 23688 亿元，连续 10 年居全省银行业第一；贷款余额 16412 亿元，连续 6 年居全省银行业第一，存贷款余额位居全国农合机构第三；不良贷款率 0. 96%，在全国 25 个省级农信系统中最低。2018 年末，净资产收益率 12. 93%，2018 年实现利润总额 346 亿元，2019 年实现利润总额 320 亿元。在全系统 81 家行社中，68 家是当地存款市场份额第一的“小冠军”，61 家是贷款“小冠军”。54 家农合机构是当地纳税企业前五强。其中，乐清农商银行在“小而美”发展模式方面的探索最为成功，被银行家杂志评为 2017 年中国商业银行竞争力评价 · 农村商业银行（资产规模 500 亿元以下）第一名，作为典型案例被载入《2017 中国普惠金融发展报告》。

2. “小而美”发展模式的必要性

经济由高速增长阶段转向高质量发展阶段，要求金融业高质量发展相匹配，自然要求包括农合机构在内的金融机构从追求量的扩张转向追求质的提升。经济高质量发展是实现金融高质量发展的重要基础，金融高质量发展是实现经济高质量发展的重要支撑，二者相互支撑、相互促进。党的十九大指出，我国经济已由高速增长阶段转向高质量发展阶段，必须坚持质量第一、效益优先，以供给侧结构性改革为主线，推动经济发展质量变革、效率变革、动力变革，提高全要素生产率。具体而言，变化主要体现在经济增速由高速增长转向中高速增长、经济增长驱动力由要素投入转向全要素生产率提高、经济结构由出口投资主导转向消费主导。这要求金融机构积极推进自身高质量发展，支持和推动经济高质量发展。原银监会召开的2018年全国银行业监督管理工作会议明确提出要“全力推动银行业向高质量发展转变”。金融机构应该积极转变发展理念，始终牢记和坚定贯彻金融必须为实体经济服务的理念，把促进实体经济协调健康发展作为金融业天职，必须要始终坚持本源、专注主业，绝不能“脱实向虚”、自我循环、自我膨胀，更多运用现代金融科技手段和平台，加快金融服务方式和手段的变革，实现从数量规模扩张向提高效率质量的转变，从业务同质化向特色化、专业化的转变，从粗放经营、野蛮竞争向集约经营、合规发展的转变，使金融服务更加多样化、便利化、个性化、标准化，使金融服务消费者感到更加便捷、普惠和安全。

农村金融市场逐步由“蓝海”转变为“红海”，竞争加剧，亟须农合机构加快转型升级步伐，兼收并蓄，增强核心竞争力。在普惠金融、乡村振兴、缓解小微企业和民营企业融资难题等政策导向下，大中型银行纷纷推动渠道和业务下沉，使得农村金融市场竞争日趋激烈，农村金融市场逐步由“蓝海”转变为“红海”。尽管农合机构在农村金融市场具有点多面广、机制灵活等方面的优势，但是随着竞争的加剧以及金融科技的发展，这些优势趋于减弱，同时规模较小、牌照受限等方面的短板却逐步凸显。在此背景下，农合机构既需要通过普惠大走访、创新产品等方式巩固传统优势，又需要积极通过改革为省联社赋能，全面加强与金融科技公司、地方政府等主体的深度合作，加快普惠引领零售转型和科技引领数字化转型步伐，取长补短，增强核心竞争力。

金融供给侧结构性改革要求农合机构坚持“小而美”发展之路，增强金融服务实体经济能力。新时代，我国社会主要矛盾在金融领域主要体现为人民日益增长的多样化多层次金融需求与金融供给不平衡不充分的发展之间的矛盾，其中最大的不平衡是城乡金融服务发展的不平衡，最大的不充分是“三农”、小微企业和民营企业金融服务发展的不充分，这种不平衡不充分主要是因为中小金融机构数量和业务比重不高。因此，习近平总书记在中共中央政治局第十三次集体学习时强调“增加中小金融机构数量和业务比重，改进小微企业和‘三农’金融服务”。这一方面要求农合机构坚守定位，扎根本土，端正发展理念，拓展金融服务功能，找准金融服务重点，坚持以市场需求为导向，积极开发个性化、差异化、定制化金融产品，满足“三农”、小微企业和民营企业多样化多层次的金融需求，另一方面要求全国农合机构认真贯彻落实中央提出的“保持农村信用社县域法人地位和数量总体稳定”要求，不盲目合并、谋求建立统一法人，而应坚持县域法人农合机构“自主经营、自我约束、自我发展、自担风险”的原则，在加强党的领导和坚守服务“三农”、小微企业和民营企业定位的前提下尊重其充分的经营自主权。

3. “小而美”发展模式的可行性

农合机构作为新中国成立后唯一一家血脉从未间断的金融机构，在“三农”、小微企业等普惠金融领域，积累了大量实践经验，与“三农”、小微企业天然接近、骨肉相连，有能力也有条件走“小而美”高质量发展之路。

熟悉“三农”市场，缓解信息不对称。大多数农村金融机构在开展业务过程中面临两大障碍：信息不对称产生的高风险，以及借贷规模小和人口分布不集中导致的高成本。相比大中型银行，农合机构主要服务县域经济，对当地农村发展状况和农民生活情况有着深刻的了解，能够较好地监测家庭和中小企业的资金变化，迅速做出反应，精准把握机会。

服务渠道广覆盖，建成特色服务渠道体系。农合机构业务范围基本覆盖全国农村区域，是唯一的营业网点遍及所有乡镇、“村村通”服务覆盖所有行政村的农村金融机构。比如，浙江农合机构连续12年开展“走千家、访万户、共成长”活动，2013年率先全国实施普惠金融工程，构建了“乡镇全面覆盖、城区广角渗透、村级深度延伸”多位一体的特色服务渠道体系，打通农村金融服务“最后一公里”，基本实现了“基础金融不出村、综合金融不出镇”的目标。

省县两级体制优势，实现统分结合。根据国发〔2003〕15号文件精神，省联社充分发挥省级大平台的优势，辖内农合机构充分发挥机制灵活、接近市场等小法人优势，省县两级错位发展，实现统分结合。省联社重点做好“放、管、服”三篇文章，既放得合理，也管得有效，更服务到位。“放”主要是尊重辖内农合机构充分的经营自主权，不干涉其具体的经营管理活动，充分激发其经营活力。“管”主要是按照省委、省政府授权，把方向、管队伍、控风险，承担好对辖内农合机构的行业管理职能。“服”主要是强化省级平台服务功能，在科技创新、资产管理、后援保障等方面为辖内农合机构提供强有力的支撑。

二、"小而美"发展模式的实践探索

1. 战略定位

战略理念上要舍得。舍得是一种智慧。作为小法人机构，要想明白，有什么？要什么？能放弃什么？认清自己才能把握正确的发展方向。大客户不是不好，而是在经济周期波动过程中，与农合机构的能力不匹配。因此，农合机构应该不要"白富美"，要"小而美"，战略上实行差异化经营、"小而美"高质量发展。一是在路径选择上，农合机构发展有三条路可选，正面竞争，必将两败俱伤；消极回避，最终坐以待毙；只有错位经营，才能实现"弯道超车"。只有做到"人无我有、人有我优、人优我专"，才能在竞争激烈的金融市场环境中生存下来，并走得持久。二是在市场选择上，要始终坚持"姓农、姓小、姓土"的市场定位，农村和集镇市场更侧重农村、传统和新兴市场更侧重传统、本土和域外市场更侧重本土。三是在客户选择上，大客户不是农合机构的"菜"，拉不来、养不起、留不住，必须坚持"小额、流动、分散"的经营理念，要深入实施"整村授信 985"战略，即农户建档 90% 以上、农户授信 80% 以上、农户签约 50% 以上，不断向金字塔底端 80% 客户延伸。比如，乐清农商银行通过控大扶小的结构调整，500 万元以上贷款占比从最高时的 45% 降至 0.77%，1000 万元以上贷款仅 5 户、总计 1.27 亿元，30 万元以下贷款户数占比 87%。

2. 发展方式

在发展理念上要创新。创新是一种思维。但创新要接地气，不能盲目创新，不能脱离实际；创新要看结果，不能光看过程。要走"选好的路"，别只选"好走的路"。走自己的路就是创新，坚持就是最好的创新。要坚持"三个必须"，只有做小，才能分散风险，提高收益；只有做快，才能提高效率，提升体验；只有做广，才有规模效应，降低成本。一是从重规模向重质量转变。主动适应经济由高速增长阶段转向高质量发展阶段的新环境，转变农合机构发展方式，摒弃依赖规模扩张的粗放型发展方式，积极谋求提质增效的高质量发展方式，正确处理好规模、质量、效益三者关系，夯实业务基础，坚守风险底线，追求可持续的盈利。二是从重负债向资产负债联动转变。适应银行业竞争从卖方市场转向买方市场的新态势，加强全面资产负债管理，优化资产负债结构，正确处理资产负债的多维度匹配关系，不断提高信贷资产占比，确保“三农”、小微企业贷款符合监管政策要求。三是推动线上线下融合发展。金融已经进入数字银行和智能银行时代，农合机构要进一步推进金融与科技的深度融合，通过新技术升级传统业务、搭建移动平台、优化服务体验，构建农村大数据系统、建设全渠道、抢占移动端、提升分流率，丰富线上业务功能，充分实现线上线下融合发展。

3. 风控模式

在风控理念上要合规。合规经营是底线。运用好大数法则，通过增户扩面、小额投放分散风险。确保利润覆盖风险，但风险不是越低越好，关键要看收益能否覆盖风险，小贷风控太严就会将大量基础客户拒之门外，不利于业务发展。农合机构在践行“小而美”发展模式过程中，重点需要从三方面把好风控关。一是严控大额贷款。大额贷款口子不堵死，转型是很难推动的，所以在制度上不能留余地，要有再好的客户也不让进的决心。比如，明确规定500万元以上贷款客户坚决不进、在3家银行以上融资客户坚决不进。二是放宽小额贷款。在小额贷款准入上要充分运用“排除法”和“倒金字塔法”，除了金字塔顶端过度竞争的全好客户和金字塔底端5%～10%的全不好客户，其他客户都可以做。创新“三有三无”——有固定住所、有正当职业、有和谐家庭、无不良资信、无不良品行、无过度融资的本土化微贷标准，强化“小额免责、大额追责”的问责机制。三是防范道德风险。银行作为经营风险的机构，出现一般性经营风险是正常现象，但凡是出现重大风险的，其根源都是道德风险。从全国农合机构看，各省都有做得好的，也有做得不好的。深入分析，做得不好背后主要是人的因素，表现为队伍素质不高、班子不团结、班长能力不强。因此，要非常注重内部培养，全力打造对农合机构文化认同、对“三农”事业热爱、对当地情况熟悉的营销队伍。严肃违规问责，创新“不良贷款听证会制度”，让违规人员“不想违、不敢违、不愿违”，切实做到“管住人、看住钱、扎牢制度防火墙”。

4. 经营管理

在管理理念上要简单。大道至简，复杂的事情要简单做。反对完美主义，善于抓主要矛盾，化繁为简，以简驭繁，才能“四两拨千斤”。简单的事情要重复做，把所有的资源都集中起来做小，破釜沉舟才能心无旁骛，力出一孔才能全力以赴。重复的事情要用心做。用心就是“以客户为中心”，考虑客户要什么，我们有什么，能给什么？不断提升客户体验，做出工匠精神。一是要旨在打造“快速、简单、高效”的普惠金融服务模式，把普惠金融做到极致。在流程改造上，反对繁琐哲学，缩短审批层级、加大基层网点在小贷经营上的授权审批权限。流程越长，风险越大；环节越多，责任越难认定。通过简化合同文本、实现一键查询、推广线上放贷等措施，提升客户经理管贷效率和客户体验。二是在绩效考核上，反对完美主义，牵住模拟利润考核的“牛鼻子”，引导支行必须兼顾负债、资产、风控协调发展。强化提质增效，不断提升客户的贡献度、关联度和活跃度，着力打通金融服务“最后一公里”。三是在网点效能上，要让每个网点成为“普惠金融事业部”，推进扁平化和虚拟化，对大支行进行拆分，精简基层农合机构班子配置，大力推广营销部和直销部等虚拟团队，挖掘网点和团队营销潜能。

5. 队伍建设

在队伍理念上要奋斗。奋斗是一种精神，幸福是奋斗出来的，奋斗本身就是一种幸福。让有理想的人成长，让想创业的人成功，让肯奋斗的人前进，才能打造幸福银行。凡是发展得好的企业，都视员工为企业核心竞争力的关键要素。比如，作为全球排名前五、德国本土规模最大、最具影响力的银行，德国储蓄银行集团高度重视员工，设立 1 家学院、11 个地方培训中心和 1 所企业大学加强员工培训，推动员工与集团同步可持续发展。对农合机构来说，也应该如此。农合机构发展到今天，依靠的是一代又一代农合机构员工的筚路蓝缕、艰苦奋斗。发展依靠员工，员工也理应在发展中得到更多的获得感与幸福感。以业绩论英雄，打破行政阶级序列，不论资排辈。以奋斗谋幸福，你若奋斗，我必厚待，绝不让奋斗者吃亏。一是让有理想的人成长。搭建学习平台，为全员成长创造良好的氛围；注重内部培养，推进学历教育向职业教育转变、内勤人员向营销人员转变、员工众多向人才众多转变。二是让想创业的人成功。搭建创业干事平台，让员工与农商银行共享发展成果。倡导高效高薪，员工薪酬越高，企业的成本越低，鼓励一个人干三份工作拿两份薪酬，提高员工干事积极性；建立干部综合评价的长效机制，评价体系必须短期、中期、长期相结合，并运用到干部晋升、轮岗、任职等方面，推动“薪酬能高能低”“干部能上能下”。三是让肯奋斗的人前进。让奋斗者事有所成，打通行政、营销、专业、操作等序列，让每一位奋斗者只要努力必有舞台。让奋斗者后顾无忧，我行为奋斗者建立容错机制，做到为担当者担当、为创新者撑腰、为实干者负责。

三、“小而美”发展模式的经验启示

1. 坚守发展定位

定位是核心。农合机构资源禀赋有限，因此选择“走什么路”比“走好什么路”更加重要。一是农合机构要结合服务“三农”的社区性地方金融机构的定位，深入分析内外部经营环境，明确自身优势和劣势，把握外部机会与威胁，确立与环境匹配的发展道路，与大中型银行差异化发展。二是坚守存贷主业，牢记服务“三农”的使命，深耕农村金融市场，把握乡村振兴战略机遇，顺应时代要求加大对小微企业、民营企业金融支持，强化实体经济服务能力。三是扎根县域，深耕本土，不跨区域，资金主要来自当地也主要用于当地，回馈社区发展，持续提升金融服务当地经济社会发展重点领域和薄弱环节的能力。四是秉持普惠理念，扎扎实实地做好普惠金融基础工作，融入社区治理体系重构进程，扛起担当，全心全意做好以人为核心的全方位普惠金融，全面连接每个家庭和有需求的小微企业，坚持打造有情怀的银行，正确处理服务、盈利、风险三者关系，不仅做金融产品的推广者，更要做金融知识的传播者、信用价值的创造者，实现经济效益和社会效益的双赢。

2. 加强党的领导

加强党的领导。习近平总书记在党的十九大上明确“中国特色社会主义最本质的特征是中国共产党领导，中国特色社会主义制度的最大优势是中国共产党领导”，在第五次全国金融工作会议上强调“必须加强党对金融工作的领导”，从根本上确立了党管金融的原则。我国农合机构是中国共产党领导下土地制度改革的产物，是在中国共产党领导中国革命改革建设过程中逐步发展起来的特殊金融机构。因此，我国农合机构的“血液”里始终流淌着党的领导的“基因”，农合机构简单地被资本控制不可取，农合机构必须始终通过加强党的领导，坚持正确的发展方向和经营理念。在法人治理上，根据全国国企党的建设工作会议精神和银保监会相关文件关于“推动法人机构在上级党委领导下，把加强党的领导和建设写入公司章程，并融入法人治理全过程”等规定，把党的领导与法人治理有机统一起来，并在实践中对各项机制不断予以完善。在领导体制上，省联社党委在省委领导下，带领辖内农合机构党委，严格落实“三重一大”决策制度，确保党和国家方针政策、重大部署在全系统贯彻执行到位。在队伍建设上，坚持党管干部原则，保证党对干部人事工作的领导权和对重要干部的管理权；落实全面从严治党要求，加强农合机构领导班子建设和监督管理。

3. 发挥体制优势

国发〔2003〕15 号文件关于“成立省级联社或其他形式的省级管理机构，在省级人民政府领导下，具体承担对辖内信用社的管理、指导、协调和服务职能”和“使信用社真正成为自主经营、自我约束、自我发展、自担风险的市场主体”的规定，明确了农合机构高效运作的体制——“省县两级、统分结合”。这两方面相辅相成、相互影响。省联社重点围绕管方向、管班子、管风险、强服务的“三管一服务”履行好职责，把方向、管大局、保落实，做小法人农合机构“做不了、做不好、做了不经济”的事，积极抓住新一轮改革的机遇，突出专业化服务功能，增强坚守发展定位的能力。省联社坚持法人农合机构“四自”原则，尊重其充分的经营自主权，不干预其具体业务和经营活动，注重其内部体制机制培育，不断增强其“四自”能力，让法人农合机构结合地方产业经济实际，创造性发挥自身机制灵活、接近市场等竞争优势，针对性地开发匹配当地需求的金融产品和服务。

4. 完善法人治理

作为服务“三农”的社区性地方金融机构，农合机构股权分散，易被大股东控制。因此，无论是为了确保农合机构坚持“姓农、姓小、姓土”核心定位，还是为了确保储户资金安全，抑或是为了维护地方金融稳定，都需要强调农合机构法人治理的特殊安排。监管部门反复强调要严格限制动机不纯、风险管控薄弱等类型的企业投资金融机构，指导农合机构积极引进主业突出、经营稳健、公司治理规范、管理能力达标、具备持续出资能力、认同支农支小服务战略的投资者投资入股，防止农合机构成为大股东的“提款机”。因此，农合机构的法人治理不同于一般商业银行，不能简单比照市场同业，需要股东具有自我约束能力，认同服务“三农”宗旨，承认党的领导，在此前提下再追求合理的股本回报。概括来讲，农合机构的法人治理关键是要动态处理好“放”与“管”的辩证统一关系，应该因时、因势、因对象而不同，不能一成不变、一刀切。一是随着银行职业经理人市场的发展、国家依法治国进程的推进和公民自律意识的增强，省联社可以逐步放松对辖内农合机构的管理，因为农合机构法人治理水平受制于这些因素的变化。二是当农合机构偏离服务“三农”的社区性地方金融机构定位时，比如前些年部分农合机构在盈利最大化目标驱使下，设立异地分支行，业务“离农脱农”，甚至加杠杆搞资金业务，省联社就需要加强管理，限制甚至惩处其偏离定位的行为，尤其是要追究其班子的责任。三是在全国农合机构中，有做得好的，也有做得不好的，对前者可以逐步放松管理，对后者在强化服务支持的同时必须严格管理，着重从方向、班子、风险方面采取强有力的措施，确保管到位、管得住。因此，虽然农合机构法人治理的大方向是慢慢放，但是在当前自律形势下，该管的必须管到位，特别在大方向上必须加强引领和把控，把党的领导全面融入其改革发展全过程和法人治理各环节，统筹协调各方关系，方能行稳致远。